꿈 속의 인연들

속의 인연들

글 · 기 후

그림 · 백 화

맑은소리
맑은나라

옛 길은 다듬어지지 않은 태곳적 길입니다.
그러나 토끼가 다니면 짐승길이 되고,
물이 흐르면 물길이 생기며
사람이 왕래하면 인도가 됩니다.

그리고 생각이 오가면 마음길이 열리고
길을 잘 닦으면 옛길이 열립니다.
그 길은 닦음이 없는 무한대의 길이기에
닦는대로 나오는 신통한 길이지요.

그러므로 잡생각이 오가면 잡길이 열리고
참 생각이 드나들면 참길이 생깁니다.

prologue

창 너머로 백운이 흐르고 미풍의 떨림이 보인다.

보는 자는 누구인가?
인연의 끈으로 이어진 누겁의 생명
그 파장의 세력이 잦아드는 끄트머리에 앉아
난 또다른 낯선 나와 마주친다.

넌 누구인가?
꿈속은 있는 듯 없음이었고
인연은 끊기는듯 이어짐이었으며
너와 난 알듯 말듯한 만남이었다.
그런 세가닥이 하나되어 혼몽 속에서
'꿈속의 인연'이란 글과 그림으로 나와졌다.

맑은소리 맑은나라의 도라면(兜羅綿) 손길과
율동적인 칼라감각을 지닌 백화 화백님
노고와 원력에 감사드린다.

만리나 떨어진 시드니의 무풍실에서
무구자(無口子) **기후** 미소 지으며 인사 드립니다.

contents

첫 번째 이야기 **불당골** _ 11

두 번째 이야기 **고목 속의 황룡** _ 15

세 번째 이야기 **인연** _ 20

네 번째 이야기 **성지약수** _ 26

다섯 번째 이야기 **천수경** _ 35

여섯 번째 이야기 **만남** _ 44

일곱 번째 이야기 **초발심자경문** _ 52

여덟 번째 이야기 **호혈석** _ 61

아홉 번째 이야기 **발심** _ 69

열 번째 이야기 **자경문** _ 73

열한 번째 이야기 **단풍 속 인정** _ 80

열두 번째 이야기 **준비** _ 84

열세 번째 이야기 **치문** _ 90

열네 번째 이야기 **여우골의 참여우** _ 96

열다섯 번째 이야기 **기다림** _ 103

열여섯 번째 이야기 **영명스님의 훈계** _ 109

열일곱 번째 이야기 **달빛 집배원** _ 115

열여덟 번째 이야기 **봄의 고향은** _ 120

열아홉 번째 이야기 **초파일** _ 125

스무 번째 이야기 **꿀같은 불성** _ 134

스무한 번째 이야기 **조약돌 암호** _ 138

스무두 번째 이야기 **셋은 하나다** _ 147

스무세 번째 이야기 **여우 꼬리를 밟다** _ 152

스무네 번째 이야기 **입은 화의 문이다** _ 160

스무다섯 번째 이야기 **행자 이력** _ 170

스무여섯 번째 이야기 **강당 생활** _ 177

스무일곱 번째 이야기 **일주문** _ 185

스무여덟 번째 이야기 **천왕문** _ 191

스무아홉 번째 이야기 **여우골 늑대들** _ 198

서른 번째 이야기 **원적** _ 205

서른한 번째 이야기 **용과 뱀이 동거하다** _ 213

서른두 번째 이야기 **대교를 마치다** _ 218

서른세 번째 이야기 **화두와의 씨름** _ 226

서른네 번째 이야기 **강사 시절** _ 244

서른다섯 번째 이야기 **원력의 끈** _ 252

서른여섯 번째 이야기 **설법 공덕** _ 260

서른일곱 번째 이야기 **용맹정진** _ 276

서른여덟 번째 이야기 **미움의 끝** _ 285

서른아홉 번째 이야기 **옛길로 들어서다** _ 293

마흔 번째 이야기 **불당골의 새 주인** _ 297

첫 번째 이야기

―

불당골

호랑이가 담배를 피우면서 돌아다녔던 옛날 옛날 그 옛날에 태백산 중턱에 한 암자가 있었으니….
그 이름이 불당골 절이었다.

희고 긴 수염의 할아버지는 별이 반짝이는 저녁만 되면 멍석 위에 앉아서 담뱃대를 입에 물고 어린 꼬마들에게 재미있는 절골 얘기들을 들려주었고

그럴때마다 꼬마들은 신나게 들으면서 깔깔거렸다.

그 암자는 병풍처럼 둘러쳐진 석벽 아래에 자리 잡고 있었으며…

그 주변엔 맑은 물이 졸졸 흘렀고
그 중간 중간에는 징검다리 돌들이 나란히 줄지어 있었다.

그곳을 지나면 작은 밭두둑 위에 부도(돌무덤) 다섯 개가 나란히 있었다.

그 곁엔 천년이나 된 고목 느티나무가 한 그루 있었는데 어느 날 어떤 객승이 다 죽어가는 속이 빈 그 고목을 한참 들여다보고 있더니 다음과 같은 글을 걸어 두고 떠났다.

"천년의 풍설 수다한 사연,
새움의 싹 다시 만년 잇도록
여러님 아낌에 기댑니다."
객승 합장

두 번째 이야기
—
고목 속의 황룡

그런데 어느 날 그 고목 속에서 두 마리의 황룡의 꿈을 꾸게 되었으니, 그 주인공이 바로 무착스님이었다. 그는 67세의 청정 비구로 키는 작고 깡마른 체구였다.

그는 대머리에다 눈썹은 희고 뒷통수는 모과처럼 톡 튀어 나와서 처음 보면 무섭게 느껴졌다.

그러나 예쁜 젊은 신도가 오면 소곤소곤 얘기를 부드럽게 잘하곤 했다.

그도 젊었을 땐 쌀 한 가마니를 짊어지고
불당골로 왔었는데…
나이가 들고 보니 마음처럼 몸이 따라주지 않았다.

어느 날 밭일을 좀 하고 곤하게
낮잠에 들었는데….

꿈속에서 황홀한 광경이 나타났다. 그 고목 느티나무 속에서
청룡과 황룡이 서로 엉켜서 밝은 빛을 발하며 하늘로 올라서는
꿈을 꾼 것이다. 그때 목침이 넘어지면서 잠이 깨고 말았다.

아, 참! 야속한 목침이….

그들은 스님을 보자마자 "할매!"를 소리 높여 부르면서 엉엉 울어버렸다.
그들은 왜 그토록 서럽게 울고 있는 것일까?
스님도 덩달아 두 눈에 눈물이 고였다.

세 번째 이야기
—
인연

꼬마들은 스님을 따라서 암자로 올라와
스님이 마련해 준 따뜻한 밥과 국을 먹고
'이제 살만하다.'는 표정을 지었다.

벽장 속에 있는
맛있는 사탕도 꺼내 받았으니
더욱 신바람이 났다.

그리고 나선 스님과 마주 앉아 이야기를 나눈다.

너희들 어느 동네에 사느냐?

몰라요.

무착은 아이들과 대화를 나누면서도
마음 한 자락은 지난 밤 꿈과 연결되어 지금도
황룡의 등을 타고 허공을 나는 듯이 성스런 감흥에 휩싸였다.

배가 부르고 이런저런 말이 이어지자 이제 아이들도
연신 생글거리며 스님을 빤히 쳐다보다가 신기한 듯 물었다.

"그런데요, 왜 머리가 하나도 없어요?"
"음, 나는 스님이란다. 스님은 머리를 깎고 살거든."
"왜 그리 반질거리는데요?"
"자주 깎으니까."
"스님이 뭔데요?"

"아, 스님은 부처님 제자로서 도를 닦는 사람을 그렇게 부른단다."
"그럼 스님 아부지는요?"
"아버지도 스님이고, 그 스님의 아버지도 스님이었단다. 할아버지의 할아버지도 스님이셨고."

두 아이는 서로 얼굴을 쳐다보며 어리둥절한 표정으로 머리를 긁적거렸다.
"그러니까 먼 옛날부터 스님 집안이 되어 이 불당골에서 계속 살게 된 거지."
"그럼 스님 아들도 스님이라요?"

"아니지, 난 아들이 없어. 옛날엔 스님들이 결혼을 해서 그렇게 되었지만 지금은 공부만 하다 보니 장가들 틈이 없어서 아들을 못 두었어. 그러니까 내 아들은 너희들 청, 용인 셈이지. 장가도 안 가고 단번에 멋진 두 아들을 두게 되었으니 내가 기분이 좋구나."

"스님, 우리도 참 좋아요. 이 좋은 곳에서 스님과 같이 살게 돼서요."
"마치 떠돌아 다니다가 우리 집에 온 것처럼 편안하고 좋아요."

두 아이는 번갈아가며 대답하다가
서로 손을 맞잡고 그저 좋아서 어쩔 줄 몰라 했다.

해는 벌써 중천에 떴고 나무들 끝자락마다 푸른 기운이 돌면서 봄을 빨아올리고 있었다.
감자 밭 두둑 위 죽은 잔디 속에서도 푸른 쑥들이 뾰족하게 제 모습을 보였고
해우소解憂所 근처 양지 바른 언덕엔 노란 산수유와 빨간 진달래 봉오리가
서로 먼저 봄을 맞을세라 시샘하듯 꽃망울을 터트리고 있었다.
어디서 왔을까?
몇 마리의 벌과 나비들이 꽃향기를 맡고
앵앵거리며 주변을 맴돌았다.

그렇듯 세월은 흘러 흘러 봄이 가면 여름이 오고….

낮이 지나면 밤이 오길 반복 하나니….

불당골의 세 사람도 그 무상의 힘에 실려서 변화를 이고 산다.

네 번째 이야기
—
성지약수

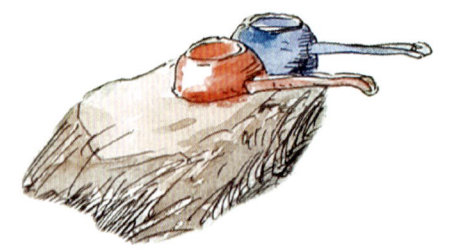

촉촉이 봄비가 내렸다.
푸른 잎새들이 반들거리며 돋아나고 어느덧 옥수수가 한 뼘쯤 자랐을 때 노란 꾀꼬리가 울더니 이내 여름이 왔다.

벌써 감자꽃이 피기 시작하고 옥수수 수염이 나오고 뒤따라 고추잠자리들이 떼 지어 날며 가을을 불렀다.
이때쯤은 먹을 것이 풍성했다.

청, 용도 계절의 여울을 타고 몰라보게 자라났다.

두 형제는 신도들의 사랑으로 신나는 나날이었다.

그 중에서도
참새골에서 자주 오는 두 분의 김보살이
제일 그들을 귀여워 해주었으니….

그때마다 어머니와 할머니 생각이 났다.
두 분은 어디서 어떻게 사시는지….

그럴때마다 두 분의 김보살은
자기들을 어머니처럼 생각하라고 하였지만…

그런저런 시간을 삼키면서 세월을 보낸 두 형제…

이젠 물 조정을
손으로 하면서 밥도 하고….

아궁이에 불을 때서 국도 끓일 줄 알게 되었으니….

이제 곧 천수경을 외워야 한다.
수리수리 마하수리….
천수는 관음의 자비를 상징하나니….

저 위의 성지약수에 쓰여 있는 관세음보살이 바로 그 분이라네….

"그런데 그 성지란 뜻이 무엇이에요?"
"암! 다 뜻이 있지."
"그 얘기 좀 해주세요."
"음, 그려 그려.
아주 옛날에 말이야. 토끼가 하모니카를 불고 다닐 때에
이 불당골에 매우 훌륭한 스님 한 분이 계셨었지…."

無想

그 스님 이름은 무착이었는데 세상과 하직할 때가 됨을 알고 호랑이 먹이가 되어주려는 생각을 했거늘….

그 얘기를 하고 있을 때,
무착스님의 머리 위에 빨간 고추잠자리 한 마리가….

그때 성지약수터 근처에 큰 호랑이 한 마리가 살았어.
스님은 그 호랑이 앞에 가서 날 잡아 먹으라고 놀려대도 눈만
껌뻑 거리고 그냥 있었지…. 할 수 없어서 큰 바위 위에서
떨어져 죽었지. 떨어져 죽으면 먹을까 싶어서….
그날 저녁 그 근처에서 오색찬란한 광명이 일었어….

"동네 사람들은 산불이 난줄 알고 연장을 들고 산에 올라보니
호랑이가 하품을 하면서 시신을 지키고 있는 거야."

"스님! 지금도 그 호랑이가 그곳에 살고 있을까요?"

"아마도…. 그래서 그곳이 성스러운 곳이 된 거야…."

"제일 큰 사리탑이 바로 그 스님 부도야…."
"야아! 대단한 스님이네요."

"그 스님 몸에서 사리가 쏟아져 나왔어…."
"사리는 뭔데요?"
"암! 도를 잘 닦으면 나오는 구슬이지."

그때 뒤뜰에선 감 홍시가 떨어졌고, 냇가에 있는 돌배나무 열매는 새들의 먹이가 되고 있었다

숲속에선 노란 꾀꼬리가 빈정대듯 노래를 불렀다.

"밥만먹고. 잠만자고. 우짤거라…"

다섯 번째 이야기

—

천수경

새벽 세시 예불이 끝나면 청은 밥을 짓고 용은 국을 끓인다.

그 일이 끝나고 나면
청, 용은 천수경을 들고 꿇어 앉아 경을 외운다.

따뜻한 가을햇살이 내리쬐는 불당골의 아침. 그곳에서는 낭랑한 천수경 읽는 소리가 들린다.

관세음보살님은 자기의 고통보다도 남의 고통에 더 관심이 크신 분인데,
그래서 대자대비라고 부르는 거지.

"예, 스님 잘 알겠습니다~"

그날 이후로 두 아이는 눈을 감고 부지깽이로
땅바닥을 두드리며 부지런히 대다라니를 외웠다.

나모 라다나
다라야 나막~

나막 알약 바로기제새바야
모지사다바야 마하사다~

그러는 사이 어느새 가을이 닥쳐왔으니….
꼬리 긴 다람쥐들이 도토리를 주워 모은다고 분주하였다.

그러던 어느 날 청은 성지약수터에 올라가 낙엽을 깔고 앉아 신나게 신묘장구대다라니를 크게 외웠다.

그때 저 멀리서 아련하게 기차 소리가 들리니 문득, 부모님 생각이 났다.

그 분들은 어디서 어떻게 지내고 계실까?

부모님 생각은 저 멀리 하늘을 지나 기차에 실려 끝없이 지나갔다.

부모님 생각에 잠시 취해버린 청이의 마음.

가을바람처럼 흔들리는 마음을 다잡으려고 청은 꼿꼿하게 앉아 참선하는 흉내를 낸다.

나는 누구인가?

나는 누구인가?

나막 알약 바로기제새바라야 모지사다바야
마하사다바야 마하가로니가야!!

가만히 앉으니 다시 마음속에선 어머니 생각이 났다.
청은 성지약수터 아래서 먼 산을 바라보며 크게 염불을 외쳤다. 마하반야 바라밀다….

?.?

그때, 단발머리 소녀가 범바위 꼭대기에서
청을 내려다보고 있는 것이 아닌가?

예쁜 여자 아이를 본 청의 마음은 울렁거렸다.
청은 준비해 간 과자를 함께 먹자고 제의를 했다.

청은 낙엽을
끌어모아
자리 하나를
더 만들었다.

청은 가슴이 콩닥거리고
얼굴이 화끈거려 물가로 가서
세수도 새로했다.

그들은 함께 앉아
과자를 나누어 먹으니
청은 너무나 기분이 좋았다.
여자아이가 가까이 다가오자
붉은 숯덩이를 묻어 둔
화롯가에 앉은 것처럼
기분이 훈훈해졌다.

그러나 아쉬운 작별의 시간.
청은 저녁밥을 지으러 절로 내려갔고….
여자 애는 나무를 이고 여우골로 돌아갔다.
오랜만에 단발머리 소녀를 본 청의 마음은 온종일 기분이 좋았다.
이불 속에 누워도 잠은 오지 않고 그 소녀의 모습이 눈앞에 아른거렸다.

여섯 번째 이야기
—
만남

생각을 더듬어 보는 청, 스스로 미소를 지으면서….
처음은 좀 어색해서 얼굴을 제대로 쳐다보지 못했으나….
떡과 과자를 나눠 먹으면서 시간이 흐르자
얼굴을 마주 보며 이야기를 나눴다.

"너는 어디 사는데?"
"난, 여우골에~"
"그럼, 넌 여우니?"
"얘는…."

"옛날에 말야, 여우들 식구가 살았다는데
여우들이 돌을 머리에 이고
여행을 가는 모습을 우리 할매가 봤대….
그래서 여우골이 되었단다."

그 얘기를 듣던 청이가
하도 우스워서 웃다가
입안에 있던 떡가루가
그만 그 소녀의 얼굴에

푸욱!

청이는 부끄러워 얼굴이 홍당무처럼 달아 올랐다.

아이고! 미안해.
이 일을 어쩌지!

두 행자는 싱글벙글이었고 시간은 멈춰버렸다.

"너 이름은?"
"난 행자."
"어? 나도 행자라고 부르는데…."
"그런데 너희 엄마는?"
"난 얼굴도 몰라."
"아버지는?"
"경찰서에 잡혀갔대."

할매 말이, 엄마가 아버지한테 지게막대기로 맞아서 다리가 부러졌다고 했어. 아버지가 술 취해서 그런 거지. 그런데 그걸 이장이 경찰서에 신고를 해서 그렇게 되었다고 했어.

"그럼, 넌 여기서 뭘 해?"
"잘은 몰라도 공부를 많이 하면 도인이 된대…."
"도인이 뭔데?"
"잘은 몰라."

"그것도 모르면서 여기 있으면 뭘 해!"
"그래도 난 여기가 좋아.
떡도 과자도 많이 먹고 새벽에 기도하는 시간도 좋고…."

"행자야, 너 나하고 자주 여기서 만날 수가 없을까? 떡과 과일도 많이 갖다 줄게."

"나도 그랬으면 좋겠지만 우리 엄마는 틈만 나면 넌 파평 윤 씨 양반이니 언행을 조심해야 된다고 그러셨어."

청은 그 후 며칠 동안 행자의 모습을 떠올리며 혼자서 즐거워했다.
수곽에 물 흐르는 소리를 귀담아 들은 것도, 행자를 약수터에서 만난 이후부터였고, 점심 먹고 나서 거의 매일 그 시간쯤 성지에 올라가는 버릇도 행자를 만난 뒤에 생겼다.
특히 엄마가 없다고 하면서 고개를 숙였을 때 토끼눈이 된 동그란 눈망울이 눈에 선했다.
거센 재채기로 얼굴에 떡고물이 묻어도 탓하지 않고 생글거리던 행자 생각에 애를 먹었으나 시간이 지나니 그런 증세도 차차 엷어져갔다.

일곱 번째 이야기
—
초발심자경문

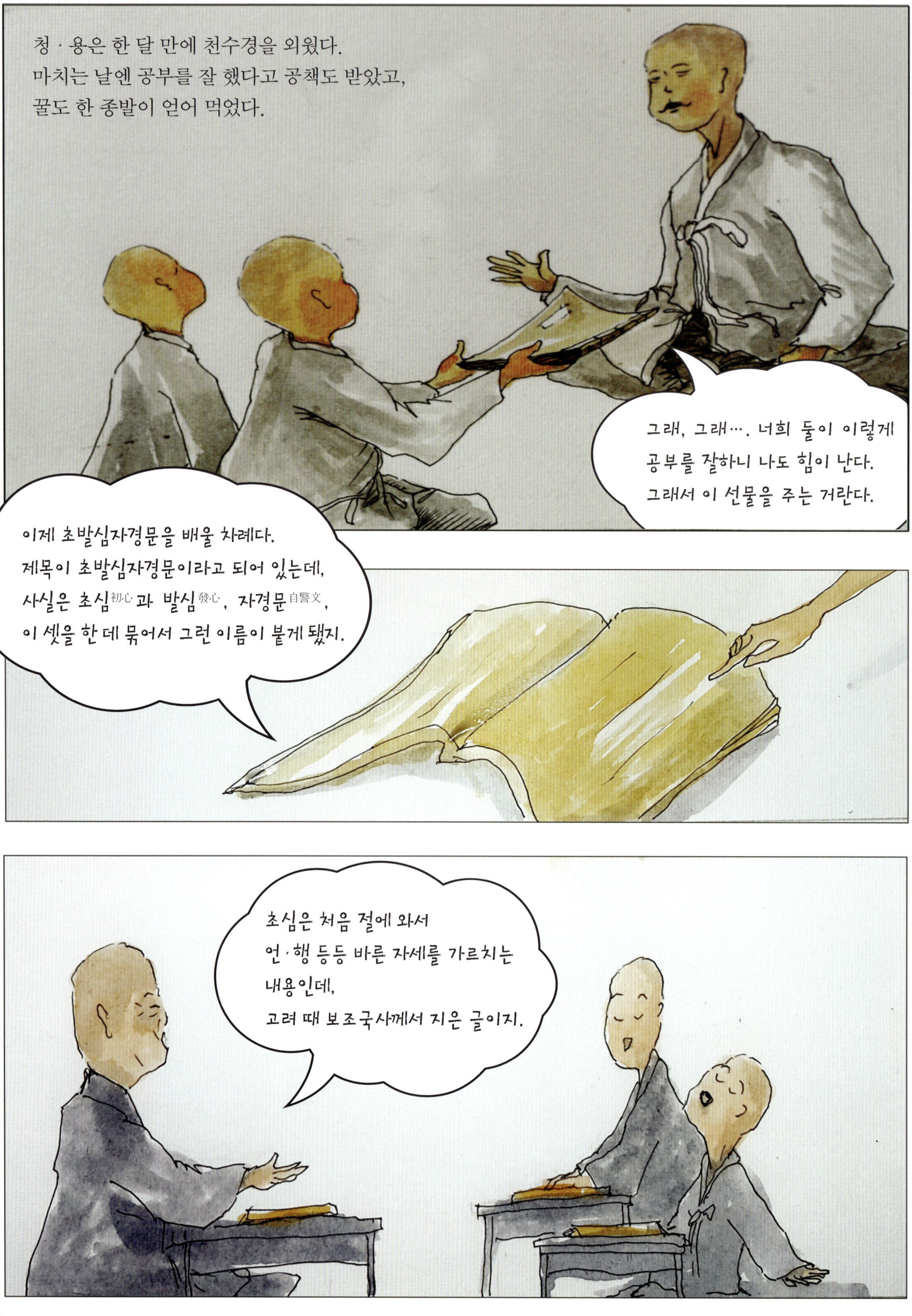

"초심인은 악한 벗을 멀리 하고 어질고 착한 이를 가까이 하라고 했지. 사람은 여러 가지 조건에서 살지만 자주 만나서 얘기하고 지내는 친구가 제일 큰 영향을 미친다는 뜻이야. 그래서 친구를 보면 그 사람을 안다는 말도 있고, 끼리끼리 모여서 논다는 말도 있단다. 오가는 사람들을 가만히 바라보면 그게 사실인 것 같아."

"그런데, 청, 용의 친구는 누구지?"
친구란 말이 나오자 청은 약수터에서 만난 행자 생각이 났다.

"친구를 잘 사귀어야 돼. 예로부터 친구를 보면 그 사람을 안다고 했지"
"부처님을 친구로 해도 되겠습니까?"
"암, 그럴 수 있지만 부처님은 친구보다는 스승으로 모시는 게 더 낫지."

맨 처음 문구가 착한 친구와 잘 사귀어야 된다는 말에 따라 외우기는 했지만, 약수터에서 만난 여자 꼬마도 착한 친구가 될지에 대해 조금은 불안한 청이의 마음이었다.

둘째 날은 주로 절에서 지켜야 할 몸가짐과 마음 씀씀이에 대한 것이었고,
셋째 날은 이해하기가 좀 어려운 내용이었다.
"너희들 이해가 잘 안 되지?"
"예."
둘은 맞춘 듯 동시에 대답을 했다.

"그래, 이 부분은 좀 어려울 거야. 화엄경의 말씀이니…. 그러나 일체가 유심조라고 하는 것을 잘 생각해 보면 차츰 이해가 될 거야."

"모르는데요"

나무가 크면 그 그림자도 길듯이
모든 것은 지은대로 받는단다.
너, 하루걸이란 병을 아느냐?
고려 때도 아마 그 병이 있었던 모양이야.
하루 건너 아픈 그 병 말이야….

"자라찐다"

"엄마죽어 무서워"

우리가 지은 업은 없는 듯 해도
때가 되면 나타나는 것이 마치 그 병과 비슷하다는 거지.
그 병이 나면 빈 솥에 불을 때면서 병난 애기를 솥에 앉히고
할머니가 굴뚝에 가서 '이 집에서 뭐하노?' 하면
엄마는 '자라 찐다.'고 대답하면,
꼬마는 겁이 나서 죽는다고 고함지르지….
그게 치료 방법이야.

三毒 삼독 貪食 탐식 嗔 진 癡 치 五慾樂 오욕락

그 다음엔 정·혜를 골고루 닦아야 된다는 내용이 나왔다.
"선정은 마음의 안정인데, 그게 잘 안 되는 것은 삼독 때문이라고 했어."

定慧 정혜

"마음이 안정이 되려면 가만히 앉아서 자신의 마음 움직임을 잘 들여다 보면 되지. 그러면, 그 속에서 지혜로운 생각이 나오게 되어 있어."

"이 글을 읽고 보니 옛날 생각이 나네."
"어서 빨리 그 얘길 해줘요."

청이 스님 무릎 곁으로 다가가면서 졸라댔다.
동생인 용은 멀뚱멀뚱 스님 얼굴만 바라보았다.

청은 어린애 때부터 적극적인 성격이었지만,
용은 좀 물렁해서인지 늦게까지 오줌싸개였다.
오줌을 싸게 되면 키를 뒤집어쓰고
외동아들 집에 가서 소금을 얻어 와서
그것만으로 밥을 먹어야 되는데
용이 자주 그랬다.

그래서 용이 누구에게 얻어맞으면 청이 달려가서 혼내주고,
맞은 애는 삼십육계 줄행랑을 치는 것은 흔한 일이었다.

스님은 책상 위에 있는 사발의 물을 한 모금 들이킨 후 두 손바닥을
쓱쓱 비벼서 눈에 한참 대고는 이야기를 시작했다.

어허, 이놈들!
누가 숨 넘어 가나, 왜 이리 보채나.
그래 내 목 좀 축이고
얘기해 줄게.

빨리 해줘요.
어서 빨리요!

여덟 번째 이야기
—
호혈석

"어느 날 늦은 저녁, 어떤 여인이 그 스님 방 앞에서 '스님! 스님!'하고 나직하게 부르는 거야….
스님이 문을 열고 보니 '제발 하룻밤만 자고 가게 해 달라.'고 애원을 하는 거야…."

그러나 그녀는 막무가내로 스님을 밀치고 방에 들어와서는,

"스님! 제발 하룻밤만 묵고 가게 자비를 베풀어 주옵소서…."

눈물을 훔치며 애원하는 그녀를 결국 스님은 크게 호통을 쳐 쫓아내버렸다.

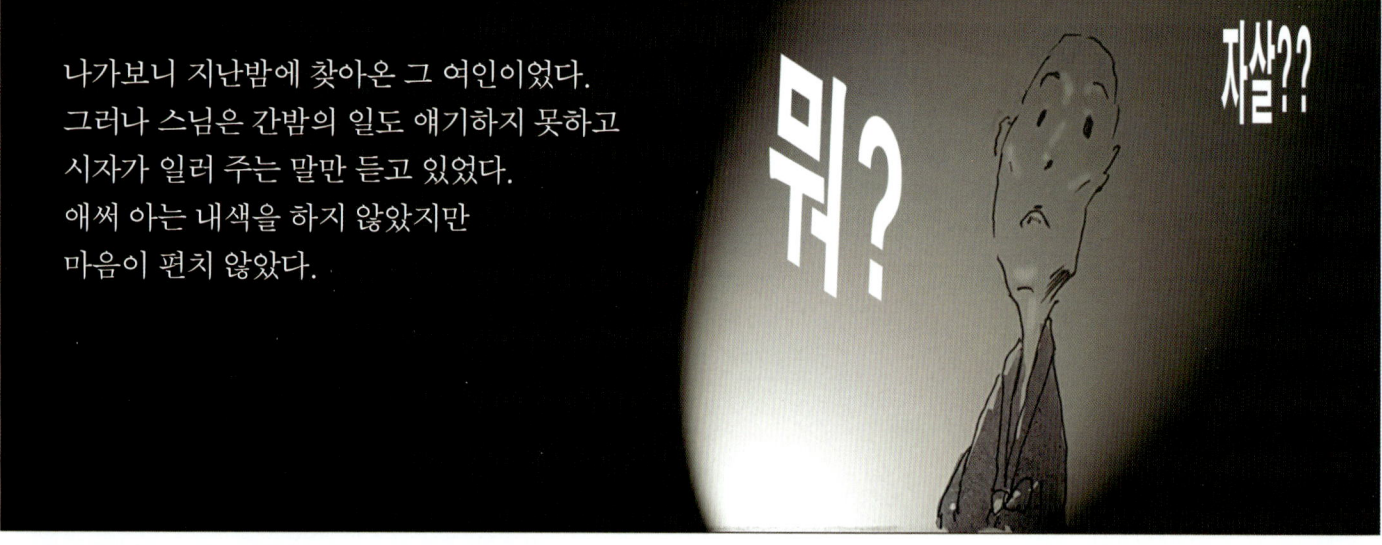

그래서 산중회의를 한 결과 매우 도가 높은 스님이 한 말씀을 하시는 거였다.

"우리 절에 호식 당할 승려가 있는 게 분명한데…."

"한 사람, 한 사람이 윗옷을 벗어 던져보면 그 사람이 누구인지 알게 될 것이오."

대중은 벌벌 떨며 그렇게 하기로 결정했다.

그 일이 제방에 소문이 나자 자칭 지리산 도인이라는 이가
갓을 쓰고 나타나서 한다는 말이….

이 절의 지리를 보니 호혈(호랑이가 기운을 나타내는 곳)이 있는데
그 곳에 큰 돌을 눌러 놓으면 그 놈이 꼼짝을 못합니다.

그 말을 들은 주지스님이 그렇게 한 이후 그런 일이 없었다네….
그런데, 호식 당한 스님이 바로 할아버지 스님의 아버지 되는 스님이야.
글만 읽고 지혜가 없으면 그렇게 되는 거야.
그러니 선정과 지혜를 함께 닦으라는 교훈이지.

그 얘기를 마치고 나니 고목 감나무 위에서는 산까치가 잘 익은 홍시를 쪼아 먹고 있었다.

까악!
까악!
까악!

아홉 번째 이야기
—
발심

언행에 대한 공부를 마치고 나니 이어서 발심으로 이어진다.

이 글은 신라 때 원효대사께서 지은 거야.
수행하는 내용에 대해서 쉽고도 깊이 있게 쓴 책이야….

따사로운 가을 햇살이 창호지 문을 비출 때,
낭랑하게 읽어 내려가는 독경 소리는
개울물을 따라가며 졸졸졸 흐르는 듯 했다.

부처님의 깨달음은 욕심을 버리고 고행했기 때문이요,
중생이 끝없이 윤회함은 삼독을 버리지 못했기 때문이라네….

"노인이 되면 공부를 못하니
젊을 때 부지런히 애쓰라."

청과 용은 이것도 매일 열 줄씩 외워서 4일만에 마쳤다.
두 아이는 나날이 신색이 훤해졌다.
공부에 재미가 나서 눈은 샛별처럼 맑고 시간 맞춰 잘 먹으니
살은 통통하게 올랐으며 키도 훌쩍 컸다.
가끔 오는 신도들도 이젠 두 아이를 달리 보는 기색이었다.

열 번째 이야기

—

자경문

"주인공아, 내 말을 들어 보아라."
첫 문장부터가 아리송했다. 스님은 최대한 쉽게 설명해 주었다.

"주인공아 내말을 들어라"

주인공은 누구이며, 들으라는 이는 또 누구인가….

둘은 서로 얼굴을 마주 보며 고개를 갸우뚱거렸다.

주인공은 누구일까???

자경문은 열 가지 문단으로 나눠져 있는데,
그 첫 번째는
수행자는 검소하게 살아야 하나니….

둘째는
분수에 넘치는 욕심을 버려라.
탐욕은 자신의 몸과 정신을
망가뜨리는 원천이다.

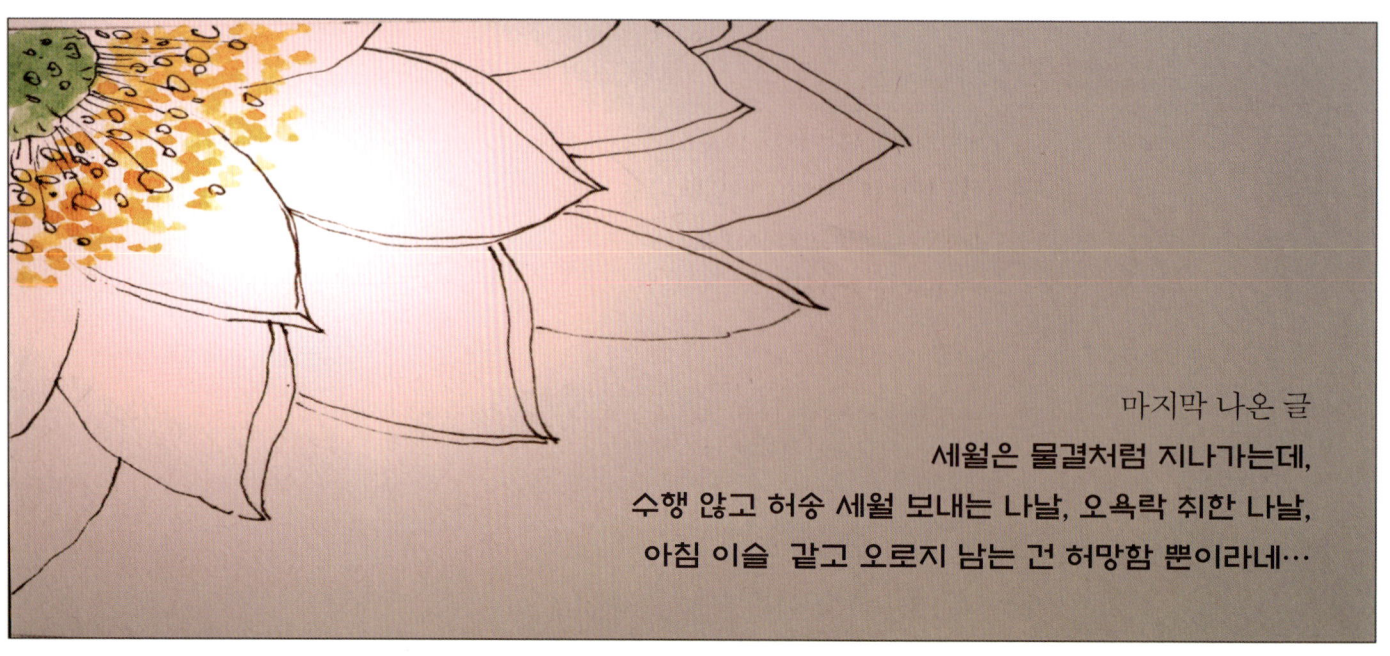

마지막 나온 글
세월은 물결처럼 지나가는데,
수행 않고 허송 세월 보내는 나날, 오욕락 취한 나날,
아침 이슬 같고 오로지 남는 건 허망함 뿐이라네…

자경문을 마친 기념으로 내민 선물 보따리…
주고받는 그 기쁨, 삶의 낙이라….

그 속엔 옥편과 사탕 봉지,
그리고 내복이 있었다.

스님! 저희들 앞으로도 공부 잘 하겠습니다.

무착스님이 두 손을 뻗어 아이들의 머리를 쓰다듬었다.
스님의 눈가에는 이슬이 맺혔고,
이 모습을 본 청·용도 눈물이 배어 나왔다.

이제 산은 완연한 가을 옷으로 갈아입었다. 산 정상 아래에는 붉은 단풍과 옻나무 등으로 푸른 노송과 확연하게 색깔이 구분되었다. 그 아래로는 떡갈나무 등등의 잡목들이 층층 시하로 가을 산을 물들이고 있었다.
어디서 왔는지 찍찍거리는 다람쥐들이 부지런히 도토리를 물고 이 구석, 저 구석으로 들락거렸다.
이따금씩 노루 우는 소리가 불당골을 울리고 있었다.

열한 번째 이야기

—

단풍 속 인정

가을 단풍을 바라보니 문득, 그 여자 아이가 생각이 났다.

생각이 또 다른 생각을 물고 나와 끝도 없이 이어지자 왠지 몸에 기운이 빠지고,
세상이 텅 빈 듯 느껴졌다. 헌데 이상하게도 아버지 생각은 별로 나지 않았다.
작대기로 어머니 다리를 다치게 한 그 고약한 성격 때문인지
어릴 때부터 아버지 사랑을 적게 받은 탓인지 알 수 없는 일이었다.

청은 머리를 흔들어 가족에 대한 복잡한 생각에서 벗어나고자 자리를 벌떡 일어나
둥그렇고 복스럽게 생긴 문수봉을 바라보았다.
'그 여자 아이의 가슴도 장차 저렇게 봉긋하게 커질까?'
청은 그런 저런 생각을 하다가 피식 웃었다.

재색지화는 독사보다 심하고, 인정이 농후하면 도심道心이 성글다는 말을 누구이 외웠건만,
부모님과 행자를 향한 인정의 샘은 마를 줄 몰랐다.
물푸레나무 옆에 파란 꽃을 피운 한 포기의 들국화에
몇 마리의 벌들이 날아와서 분주히 날아다니고,
노란 나비 한 마리도 덩달아 함께 한다.

서리가 내리면 저들은 어디에서 살까?
청은 옷에 묻은 낙엽을 털어내면서 자리에서 일어나
천천히 걸음을 옮겼다.
바스락거리며 밟히는 나뭇잎이 발목까지 묻히는 가을 산길,
청은 이 나무 저 나무의 단풍잎을 바라보며 내려오다가
그만 주르르 미끄러지고 말았다.
그 모습을 본 한 쌍의 산까치가 놀라며,
우스운 듯 후다닥 날아가고 있었다.

열두 번째 이야기
—
준비

아침 공양이 끝나자 스님이 이렇게 당부를 했다.

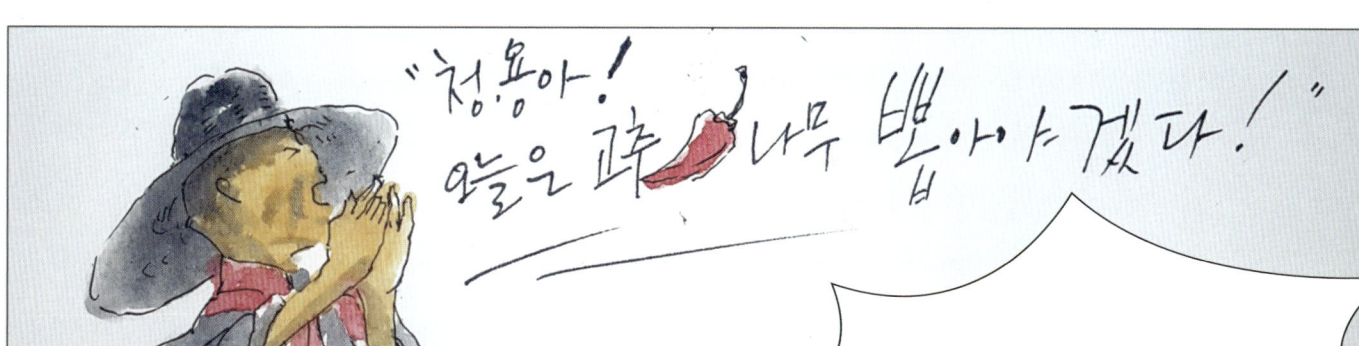

"청.용아! 오늘은 고추나무를 뽑아야겠다.
이제 곧 된서리가 내리면 고추잎을 삵켜 버리거든.
그리고 김장을 해놓고 치문을 배웠으면 한다."

여럿이 일을 할 때면 언제나 여우골에서 사람들이 온다.
청은 설레는 가슴으로 내일을 기다렸다.
이튿날 사람들이 여럿 왔다.
청은 은근히 행자를 기다렸지만 그녀는 오지 않았다.
몸은 무 밭에, 마음은 행자에게로…

무를 뽑고 배추도 절이고…. 준비는 안전한 삶을 살게 해주는 소중한 자산!

저들 중에 만일 행자 엄마가 있다면, 절 애길 들은
그 딸애가 올지도 모른다는 예감이 들어
청은 과자 등을 몰래 싸두곤 했다.

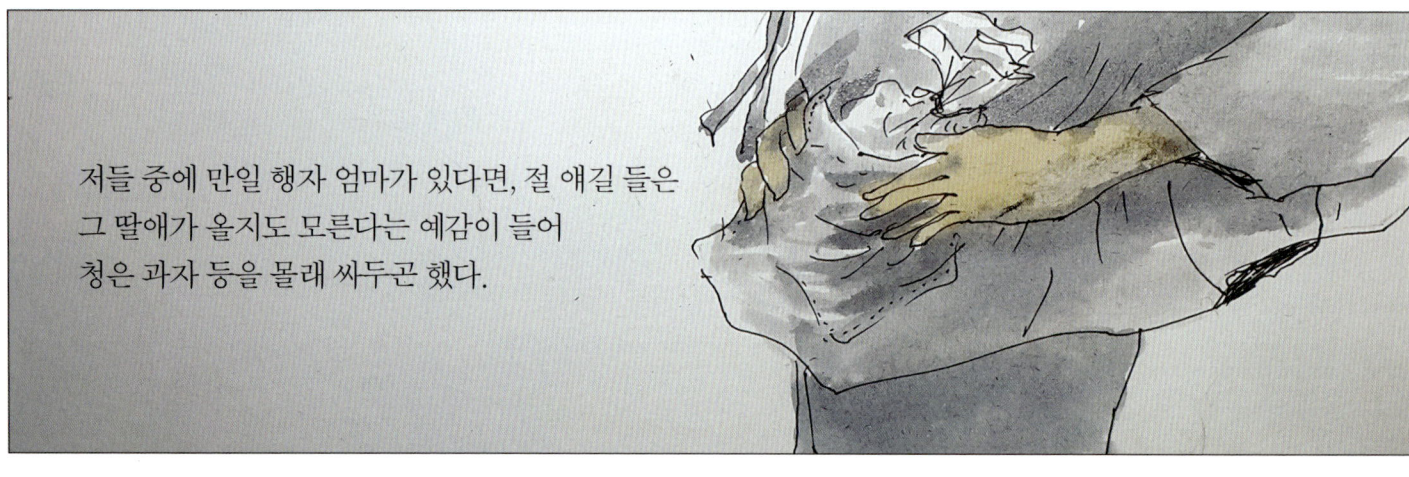

무와 배추가 쌓이는 그곳엔 청이의 소녀 생각도 소복하게 쌓이고…

"오! 오! 부처님이시여!
행자를 보내주셨구려.
나무관세음보살 마하살…."

이튿날 청이가 부뚜막을 닦고 있을 때,
행자의 음성이 들리지 않는가?

어른들은 모두 밭으로 내려갔을 때쯤,
청이가 고목 감나무 아래로 나가보니 그 행자도 그 근처에서 서성거렸다.

"쉿! 너 나 아는 척 하면 안 돼. 그걸 알면 나 쫓겨나…."
"나도 마찬가지야, 우리 스님이 늘 여자 보길 독사처럼
생각하라고 했어. 그러나 난 니가 올 듯 싶어
과자 등을 준비해 두었으니 나중에 갈 때 이곳에서 다시 만나."
"그래, 그래. 알았다."

한 편의 마음에선 여식애가 좋게 느껴졌고,
또 한쪽은 '내가 이러면 안 되는데' 하는
두 마음이 쉼없이 교차했다.

그러면서도 눈길은 자꾸 그 행자에게로 향했다.
참으로 이상한게 마음이고 남자와 여자였다.

해가 질 무렵 배추 절임도 거의 끝났다.

얼마 후, 그 행자가 시키면 보따리에 버리는 퍼덕 배추 한 개를 싸서 올라왔다.
청은 재빠르게 싸두었던 과자 봉지를 그 보따리에 넣어 주고 얼른 부엌으로 들어왔다.

정말 고마워…

이걸 따끈한 물에 타서 먹으면 피로가 확 풀린다.

그날 저녁엔 이틀 동안 애썼다며
스님이 토종꿀을 주셨다.

열세 번째 이야기
—
치문

"이틀 동안 삼동(三冬) 지낼 준비는
탄탄하게 잘 되었다.
우리 공부도 마찬가지야. 멋지게 이 생을 마감하려면,
살아 생전에 한 눈 팔지 말고
정신을 똑바로 차리고 공부해야 돼.
알겠지?"

"자, 이젠 한 단계 더 높은 치문이다. 이것은 스님이 되어서 배우는 건데,
둘 다 너무 공부를 잘하니 월반을 하는 셈이다."

緇門警訓

"치문은 승가란 뜻이며 경훈은 경책하는 가르침이란 뜻인데, 옛 중국 고승들의 훌륭한 말씀을 모은 것이지…"

"그 처음은 대원스님의 말씀으로 생로병사가 금방 다다르니 부지런히 수행하라는 것이야. 그러한 무상함에서 영원의 행복을 구하라는 것이 그 스님의 주된 가르침이거든."

"그렇게 되려면 선·악에도 머물지 않을 수 있는 지혜를 가져야 되고, 또한 선업을 많이 지어서 좋은 스승과 부모와 도반과 신도를 만날 수 있어야 해"

예! 열심히 공부하겠습니다.

"그런 고달픈 인생의 비유가 있지. '안수정등'이라고.
어느 사람이 맹수에 쫓겨 도망을 가다가 급한 김에 넝쿨이 있는 샘 속으로···.
그는 넝쿨을 잡고 힘들게 있는데 위에선 맹수가, 샘 속엔 독사가 있었지.
힘들게 버티고 있는데 나무 잎에서 꿀이 떨어져···.
그것을 먹으면서 힘들게 버티며 사는 거야."

"그런데 쥐 두 마리가 그가 잡고 있는 넝쿨을 갉아대고 있으니… 그런 상황이 지금 우리가 살고 있는 현실을 비유한 거지…"

너희 둘은 부지런히 공부해서 그런 상황에 빠져들지 말아야 돼…

예! 스님…

낙엽이 지고 나니 흰 눈이 내리고...

눈이 쌓이니
그 눈으로 눈사람을 만들었다.
눈사람은 바로, 여우골의 행자였다.

"그 애는 지금 무얼 하고 있을까?"

열네 번째 이야기
—
여우골의 참여우

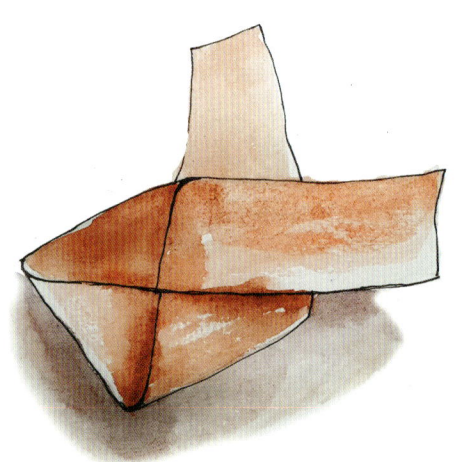

여우골에도 흰 눈이 내렸다.

흰 눈은 사람의 마음을 오가게 하는 무슨 마술이라도 있는 것일까.
행자는 벽장 속에 감춰두고 먹는 알사탕 하나를 입에 넣고 지난날을 생각했다.
그 역시 불당골의 행자를 생각했다.

그 퍼덕 배추 속에 넣어준 과자 봉지, 행자는 오자마자 혼자서 보따리를 풀었다.
그 봉지 속엔 눈깔사탕과 십리사탕 그리고 마지막엔 비과, 그 밑에는 딱지를 접은 편지가 나왔다.

오! 러브 레터…

행자 누나에게…
누나에게 전해 주고 싶었던 것을 주려 하니 너무나 기분이 좋다.

이건 손님들이 갖고 와서 부처님께
올린 것을 스님이 우리에게 준 건데,
내가 누나에게 주고 싶어서
나만 아는 곳에 감춰 두었던 거야.
알사탕은 너무 따뜻한 곳은 녹으니
시원한 곳에 두고 맛있게 먹어!

그럼, 안녕!

남자에게서 받아 보는 생전 처음의 이런 편지…
얼굴은 달아올랐고,
기분이 너무 좋아서 붕붕 날아갈 듯 하였다.

이윽고 설날이 가까워 오니 설 준비에 분주한 모녀,
"엄마! 올해는 엿과 유과를 좀 더 많이 만들어…"
"왜?"
"글쎄…"

엄마! 나, 좋은 신랑 만나면 좋겠지.

얘는 그걸 질문이라고 하니?!
그런데, 너 요즘 좀 이상하다.
좀처럼 안하던 말도 하고,
거울도 자주 보고….

행자는 불당골의 행자를 생각하다가 늦게 잠이 들어서 문이 훤 할때까지 늦잠을 잤다.

열다섯 번째 이야기

—

기다림

설날이 가까워 오자 집집마다 엿과 유과를 만들고….
행자는 엄마에게 나비 꽃고무신을 사달라고 조른다.

손가락을 꼽아 가며 설날을 기다리는 행자의 마음.

"네 밤만 더"

얘! 넌 올해 별나게 설을 기다리는 것 같구나.

이튿날 행자는 꼬마 동자를 그리며
편지를 쓰려고 생각에 잠긴다.

꼬마 동자에게….
지난 번 받은 사탕은 맛있게 먹었다.
엿을 따로 주고 싶어도 겁이 나서 못주니,
부처님께 올린 것을 내려다 먹어라.
내가 한 달 전부터 수놓은 원앙새 손수건을
보내니 감춰놓고 쓰거라.
여우골 행자가….

내일이면 불당골 가는 날이다.
행자는 나비 고무신을 신고 방안을 왔다갔다 해본다.

행자는 문을 열어보며 어서 날이 밝길 기다렸다.

거울을 보고 머리도 매만지고 동동구리분도 좀 발랐다.

엄마는 부처님께 올릴 공양물을 이고 행자는 좋은 옷을 차려 입고 뒤따라 불당골로 갔다.

행자도 엄마와 함께 불공을 드리다가 슬그머니 나와서 부엌으로 가 행자에게 선물을 잽싸게 건네주었다.
불 앞에 있어서인지 그 행자의 얼굴은 한층 더 붉고 윤기가 났다.
이 행자의 마음도 화끈거리기는 마찬가지였다.

열여섯 번째 이야기

—

영명스님의 훈계

"자! 이제 설날이 지났으니 다시 공부를 시작하자. 오늘은 영명스님의 훈계 부분이다.
이 스님은 염불도 하고 참선을 해서 치우침이 없어야 한다고 했지."

"그래서 아미타불을 하루에 십만 번을 불렀더니
산짐승들이 내려와서 함께 들었다고 했어. 나무아미타불…."

"우리나라에선 특정한 큰 스님만 선지식이라고 하지만 그건 좀 잘못 됐어. 모든 사람을 선지식으로 섬길 수 있는 안목이 생길 때까지 부지런히 공부해야 돼. 그렇다보니 스님은 탑과 절을 수호하는 주지스님도 선지식이고, 공양 짓는 보살님도 선지식이라고 했어."

"그렇게 되려면 우선은 좌선을 열심히 해야 돼…"

마칠 때는 언제나 신바람이 났다. 자유롭게 쉴 수 있으니까.

열일곱 번째 이야기
—
달빛 집배원

긴 겨울밤, 글을 읽던 용이가 개다리소반에서 잠이 들었다.
이 때, 청은 그 소녀가 보내온 원앙새 손수건을 꺼냈다.

한 달이나 만들었다는 이 보드라운 손수건….
청은 그 수건에서
보드라운 행자의 손길을 느낀다.

부엉이 소리가 아련하게 들려오는 정월 보름 날.

청은 모녀가 함께 왔던 설날을 떠올리며 손수건을 매만진다.

"달빛아!
내 마음을 그녀에게 전해 주렴…"

청은 편지를 썼다.

행자 누나에게….
수놓은 수건 잘 받았다.
하필이면 원앙새 수랴 내 마음이 이상타.
초파일에 부처님께 기도 잘 드려라.
시집 좋은 데 가게 해달라고….

불당골 청이가….

편지를 써서 접어둔 청이.
자리에 누웠으나 잠이 제대로 오질 않았다.

여우골의 행자는
지금쯤 무얼 하고 있을까?

열여덟 번째 이야기
—
봄의 고향은

고드름이 주렁주렁하던 겨울이 지나고…

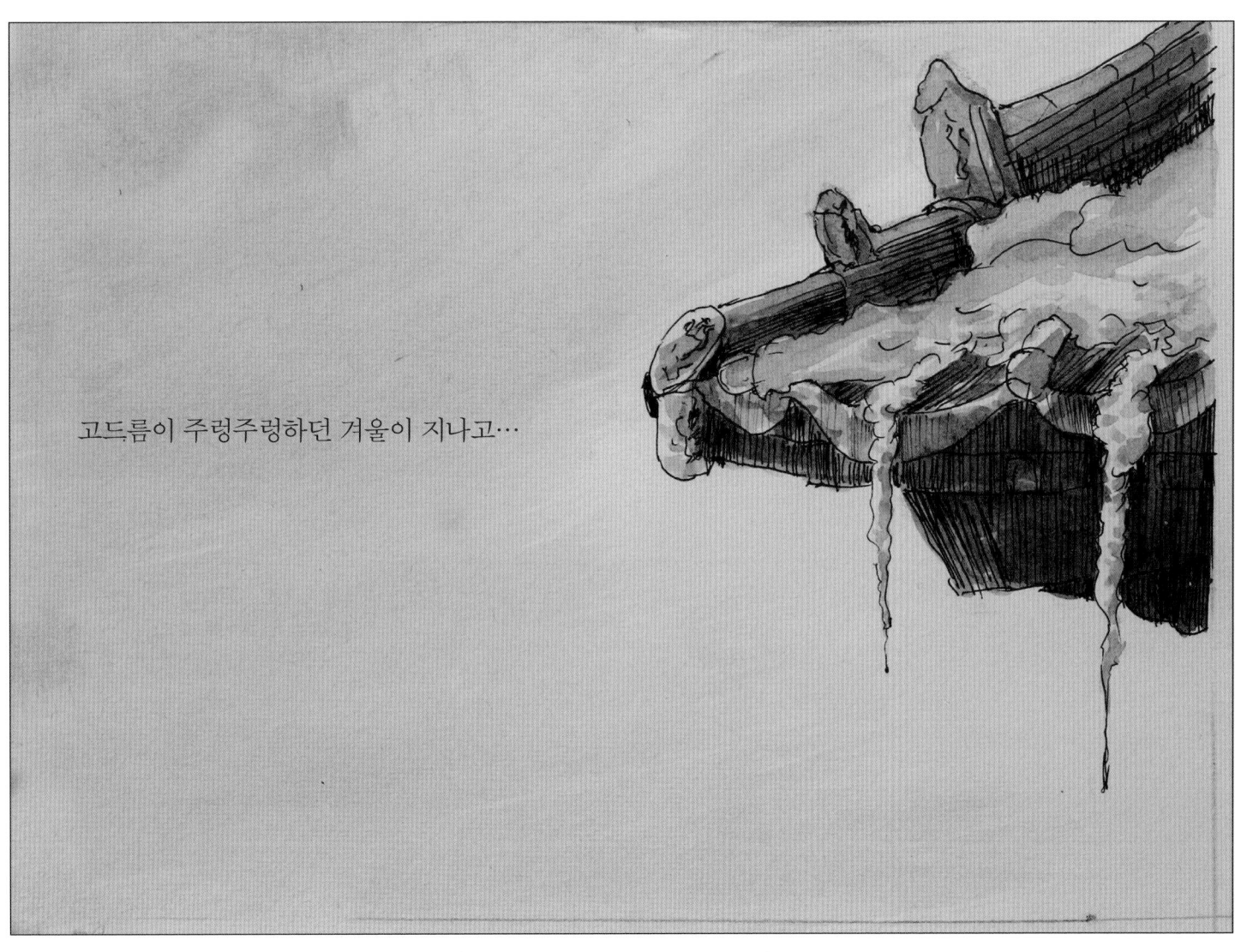

꽃이 피는 봄이 왔다.

삼월이 된 어느 날,
어떤 선비들이 와서 두리번거리며 돌아다녔다.

이 꼬마야, 넌 여기서 뭐하냐?

"뭐하기는요, 도 닦지요!"
"뭐? 도에 녹이 슬었나, 도 닦게…"
"어리다고 깔보지 마세요.
부절아면 무이학이라고 했어요!"

不截牙兒無以學

"어? 이 꼬마가 문자 쓰네. 그게 무슨 뜻인데?"
"아만을 꺾지 못하면 도를 이룰 수 없다고 했어요."
"어이! 미안하이…."

不截我慢 無以習道

그들은 고개를 숙이고 더는
말을 잇지 못하고는 절을 떠났다.

봄은 곳곳에서 피어났다.

어느 날 오후, 맹랑한 청이 스님께 여쭈었다.

봄의 고향은 어디입니까?

허! 이놈 봐라.
봄은 춘풍에도 있지 않고
따슴에도 없다고 했나니…

열아홉 번째 이야기

—

초파일

산은 푸르고 불당골은 초파일 준비로 무척 바빠진다.

연등을 만든 손가락은 붉게 물들고,
한 달 정도를 그렇게 보낸다.

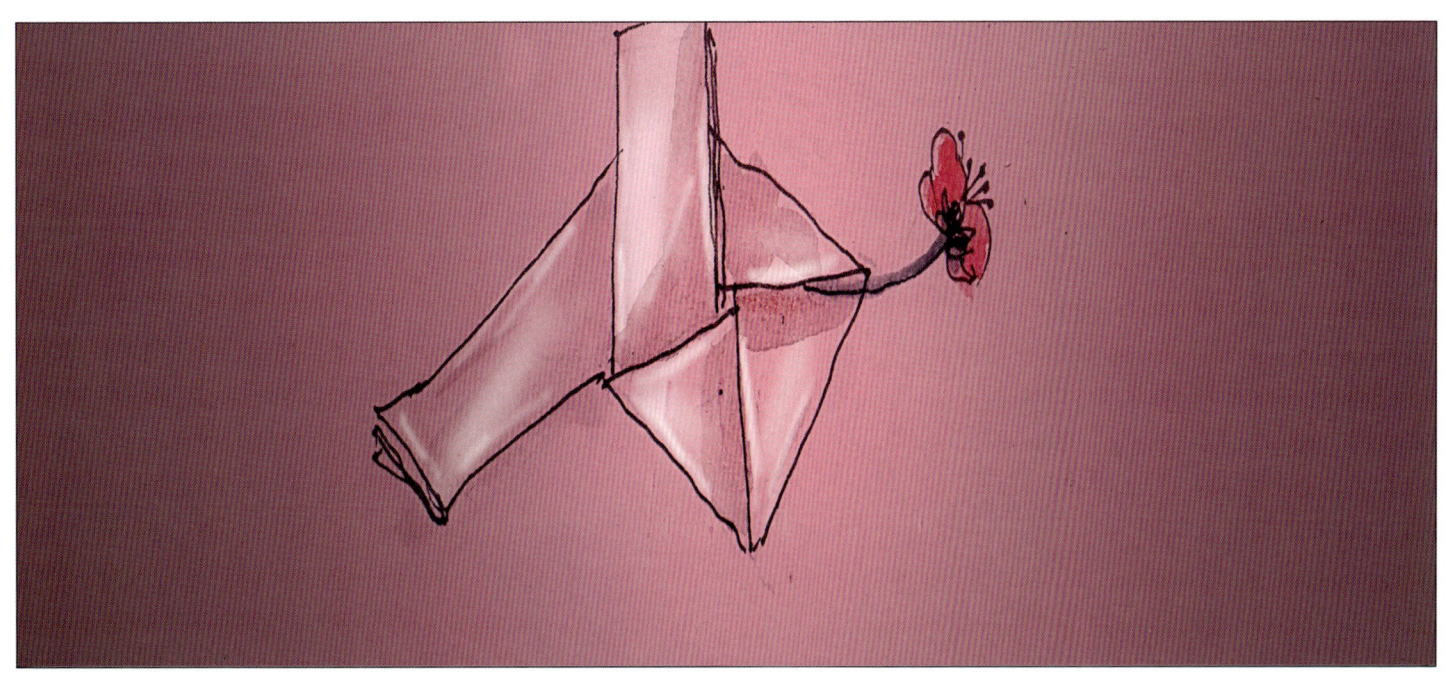

딱지처럼 접은 편지엔 분홍색 코스모스 말린 꽃을 넣어 연분홍 마음을 전달했다.

동자에게…
그동안 잘 있었나? 초파일이 오길 너무나 기다렸다. 내가 좋은 생각 하나 냈어.
우리 가끔 약수터에서 만났으면… 봄, 가을철에 일 년에 두 번만…
그 방법을 내가 연구했어. 그것은 내가 범바위에서 여우 소리를 내거든
그 때, 니가 올라오면 돼. 알았지!'

청은 그 글을 읽으면서 혼자서 킥킥거렸다.

그 다음날, 할머니는 스님께 인사드렸다.

"청·용을 잘 부탁합니다."
"예, 그런데 내년 4월 초파일엔 수계를 할 예정이니 장삼 등은 준비하셔야…."

"예… 알겠습니다. 주지스님. 안녕히 계십시오."

할머니, 안녕히 가십시오.
언제나 건강하셔야 돼요.

오냐 오냐.
그래 공부 잘하고
잘 지내거라.

스무 번째 이야기

—

꿀 같은 불성

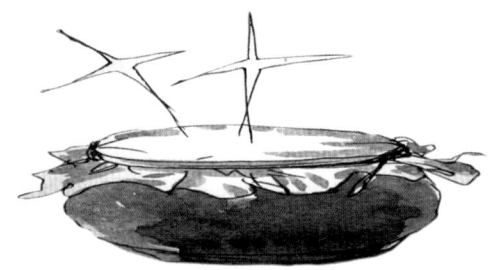

다시 봄이 왔다.
다 죽은 것 같았던 나뭇가지에도 푸른 싹이 터져 나오고,
사립문 근처에선 냉이와 쑥 등이 뾰족 돋아났다.

"작년 가을 뒷산의 알밤을 주우러 갔다가 고목나무 속의 꿀을 발견해서 스님께 드리려고 보관해 두었지요…"

둘은 입맛을 쭉쭉 다셨다.

어허, 이건 목청
(나무에서 난 자연꿀)이 아닌가?
이런 귀한 꿀이 어디서…
이 귀한 것을 나누어 먹어야지.

"스님, 고맙습니다."

스물한 번째 이야기

―

조약돌 암호

봄기운이 완연한 날 스님 방에서
문을 열어놓고 재미나는 얘길 들었다.

"아, 그게 문수는 지혜를 나타내지. 지혜와 자비를 갖춰야 된다고 배웠지? 지혜가 특출해야 된다는 뜻이야. 저 문수봉이 보여서 청·용이 공부를 잘하는 게야."

"그러나 농사짓는 이는 노적가리라고 하고, 풍수쟁이는 불산이라고 하지. 다 자기 생각에서 이름이 나타나게 되는 거지."

"그런데도 어떤 이는 자기 생각을 따르라고 억지를 부리니… 지혜 있는 이는 각자의 개성을 존중하거든."
"예, 알겠습니다. 스님."

"그래 그래, 오늘부터는 서장이라는 책을 배운다."

"이 책은 송나라 때 대혜스님이 선에 대해서 쓴 글을 모은 것이다.
그 스님은 참선할 때 무無자 화두라는 것으로 중심을 가르쳤지."

스님, 그게 무슨 말인지요?

그게 좀 어려운 말이야!
참선을 할 때 어떤 주제를 갖고
의심을 하는 거야.
그래서 마음을 한 곳으로
모으게 하는 방법이지.

"화두라는 말이 무엇입니까?"
"그래 그래, 차츰 공부해 나가면서 얘기 해줄게.
한꺼번에 많이 들으면 체해서 고통스러워. 밥을 많이 먹어서 괴롭듯이."

따뜻한 봄, 어느 날 오후…
툇마루에 기대어 먼 산을 바라보고 있을 때, 약수터 근처에서 이상한 소리가 들렸다.

"오! 틀림없는 행자다."

청은 비누로 얼굴을 야무지게 세수했다.
이윽고 고무줄로 동여맨 작은 돌덩어리가 홈대를 타고…
청은 호주머니에 과자를 넣고 벌에 쏘인 사람처럼 후다닥 약수터로 올라갔다.
행자는 단정한 모습으로 전에 앉았던 곳에서 청이를 기다렸다.

청아!

행자야!

절에선 눈만 맞추고 말은 못했는데…
여기선 마음 놓고 서로의 이름을 동시에 불렀다.

행자는 둘둘 만 마분지를 들고 있었다.

너 아까 이걸로 여우 소리를 냈니?
여우골에 사는 사람이 확실히 다르구나…

그러나 배시시 웃는 모습이 싫지 않은 표정이었다.
보드랍고 따슨 행자의 손,
그 기운이 청이의 심장까지 잦아지듯 스며든다.

손잡은 시간이 오래 가자 두 머리까지 저절로 가까워졌다.
까끌한 청이의 머리카락이 행자의 볼에 와 닿았다.
말은 멎었으나 정감은 전신으로 흘렀다.

스물두 번째 이야기
—
셋은 하나다

『서장』이 끝나고 이제 『도서』다.
이것은 규봉스님이 지은 것인데,
선과 교가 하나라는 의미의 책 제목이다.

"부처님의 말씀을 많이 읽는 사람은 경전이 제일이라고 생각하고,
마음을 닦는 참선하는 이들은 선이 제일이라고 주장하지."

"그 무엇이건 뿌리는 하나인데,
가지만 쳐다보면 길고 짧은 것이
있게 마련이지.
그 근본인 마음을 잘 살펴보면
모든 것이 해결돼."

"그러니 공부를 잘 해서 나와 다른 것을 이해, 인정할 수 있어야지.
자기 식만 옳다고 우기면 옳은 수행자라고 할 수 없어.
새의 두 날개처럼 선·교가 하나인줄 알아야…"

"봄이 오면 천만 가지의 다른 모습으로 꽃이 피지만
그것은 오로지 하나의 봄기운에서 피듯이
차별은 하나 됨의 평등에서 나오고
평등에서 오만 가지의 차등을 나타나게 할 수 있는
세력이 숨어 있나니…."

"그런데 말야.
얼마 전 여우골에 사는
김 씨와 박 씨가 크게 싸웠다는 거야.
집터 때문이었다는데 말꼬리를 물고 늘어지는 바람에,
꼬리에 무게를 두면 언제나 문제가 생기지."

여우골 소리를 듣자 귀가 번쩍 뜨인 청….

행자의 예쁜 모습이 눈에 선했다.

"그도 지금쯤
내 생각을 하고 있을까?"

스물세 번째 이야기

—

여우 꼬리를 밟다

문수봉엔 여름의 기운이 걷히고 있었다.
칠석이 다가오자 아침저녁은 조금 선선해졌다.

청·용은 밭에 나가서 채소를 가꾸었다. 잡초를 뽑아주고 흙을 돋아주고….

살아가고 있는 모든 것을 유심히 바라보면 그 모두에게서 배울 것이 있다.
우리 사람도 서로서로 용기와 희망을 가질 수 있도록 도와줘야….

풀섶에서 능구렁이 한 마리가 떡개구리를 잡아먹으려고 따라 간다. 청은 호미로 구렁이를 쫓아 버렸다.
이게 잘한 짓인지 잘못 된 짓인지.

"구렁이야, 네겐 미안타."

칠석엔 행자 모녀가 보이질 않았다.
그런데 밥상머리에서 이상한 얘기가 들렸다.
청은 말도 못하고 귀를 온통 그쪽으로….

"자네, 그저께 행자네 굿하는 걸 봤는가?"
"보고말고. 행자가 참 안됐더라."
"그래, 행자가 굿하고 좀 나아졌대?"

"굿은 왜 했대?"
"글쎄, 다 큰 처녀가 밥도 안 먹고 맨날 방에만 있고,
 병원에 가 봐도 아픈 데가 안 나타난대…."
"그런데 숙이 어메가 그러는데 그 집에 큰 구렁이가 나타났는데,
 그게 아마 행자 아부지 같다고 했다지 뭔가."

"그 뒤로 행자가 시름시름 아파서 그 노랭이 행자 에미가 큰돈을 들여서 굿을 했다지 뭔가?"
"아이, 참 안됐다. 그 행자 신세가… 맨날 무남독녀 파평 윤씨라고 타령했는데…"

그들은 해가 지는 줄도 모르고 그 집 얘길 하다가….
사방이 어두컴컴해지자 자리에서 일어났다.

"남의 얘기 하다가 해 넘어 가겠다."

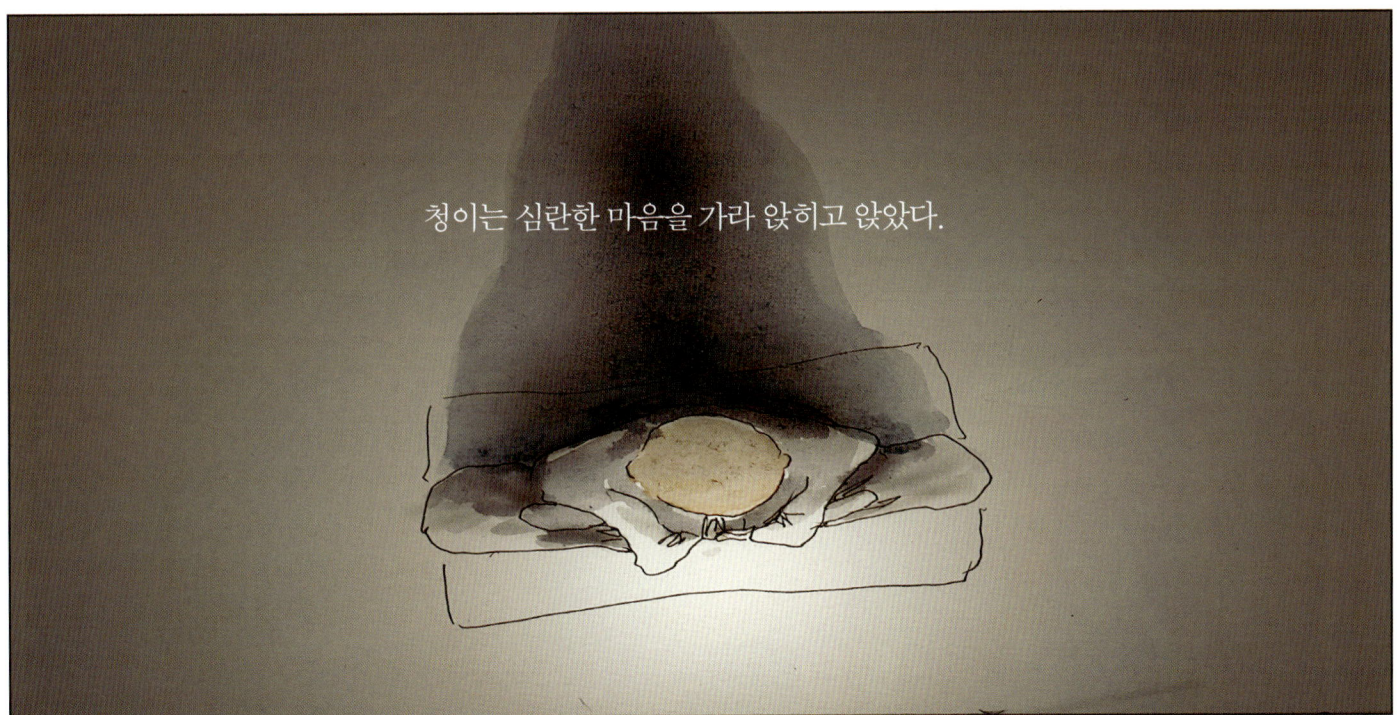

청이는 심란한 마음을 가라 앉히고 앉았다.

그럼에도 청이의 마음은 우울하였다.

"어디가 어떻게 아픈지!!!"

그날 저녁은 잠이 오질 않았다.

잠은 어디로 달아나버렸는지 오질 않았고,
그 아낙네들의 얘기 소리만 축음기 돌아가듯 뱅글뱅글 돌고 있었다.

스물네 번째 이야기
—
입은 화의 문이다

결국 일이 터지고 말았다.
숙이 아버지가 한 그 말이 돌고 돌아서 행자네 엄마한테 들어간 것이다.

헛굿 했네요.
헛굿! 굿 값 물어내세요.
그렇게 남을 헐뜯어야 되겠어요?
살아있을 때에 술은 맨날 얻어 먹어놓고….

말을 하다보이
그렇게 됐네요.
대단히 미안합니다.

집에 돌아온 숙이 엄마. 남편은 할 말이 없어서 소주 한 잔에 담배만 뻐끔뻐끔…

"여보쇼, 제발 말 조심하이소.
그게 무슨 꼴이오. 말 한 마디에
욕먹고 굿값 물어주고…"

"말 한 마디에 천 냥 빚을 갚는다고 하지 않았소. 우리 할매한테 들은 얘긴데, 옛날 한 효자가 산에 약을 캐러 갔는데, 문득 굵은 호랑이가 나타났대….
그 때, '아이고 호랑이 형님! 우리 어머니가 늘 부탁하길 그 산에 가거든 호랑이 형님께 인사를 드리라고 신신당부를 했는데, 그때마다 못 만나고 오늘에야 인사 드림을 죄송스럽게 생각합니다.'
'아이고 그래, 그러면 자네 어머님이 무얼 좋아하시는고….' '고기요.' '아, 그래….'
그 이후로 그 호랑이가 고라니, 토끼, 오소리 등을 매일 잡아서 갖다 주드라는 거야…."
"허허, 그런 일도…."

그런데, 그 큰 구렁이 갖고 가서 삶아 먹은 정 씨 집에서도 난리가 났다.

쓸데없는 소리 그만해라.

아이고 내가 못 산다 못살아.

"여보, 제발 그 구렁이는 삶아먹지 마소. 그 구렁이 재수 없는 것이오!"
"쓸데없는 소리. 나는 생전에 그만큼 큰 구렁이는 처음이라 푹 고아 보신할란다."
"이 놈의 영감쟁이야!"

정씨 또한 고약하기론 소문이 자자하다.
그는 꿀을 많이 뜨려고 벌을 다 죽인다.
그 돈으로 주색에 빠져서 재색만 챙기다가 결국은…"

그는 장날만 되면 술집에 가서 술을 퍼먹다 나중엔 싸우기가 일쑤였다.
정씨와 윤씨는 늘 그렇듯, 술집에서 살다보니 집에 오면 큰소리가 나게 마련이었고….

독사 좋아하긴 으뜸이요, 베푸는 건 꼴찌니…. 그이 별명이 여럿이었다.
주태백, 땅꾼, 노랭이, 독사귀신, 땡땡이 등등….

그는 장날 오후가 되면 땅바닥에 누웠고, 그렇지 않으면 싸움질이었다.

그런 그도 무서워하는 자가 있었으니, 윗동네 삼성암에 사는 큰아버지인 명초스님이었다.

그래서 며느리를 곧 보게 될 사람이 맨날 그 모양이니,
삼성암에 가서 소곤소곤 의논을 했다.
술이 몹시 취해 리어카에 실려 간 그날 오후…

그 이튿날도 술에 취해서 나무 그늘에서 정신없이 자고 있었다.
삼성암 스님이 승복과 칼을 갖고 내려가서 머리를 빡빡 깎고 승복을 입혔다.

어, 내가 중이 되어 있네….

그날 새벽, 잠을 깬 정 씨,
그는 머리를 계속 쓰다듬다가 속이 쓰려 자기 집으로 갔다.
동네 청년들과 식구들이 와르르 나와서
"스님, 절로 가십시오." 하면서
삼성암으로 데리고 갔다.

스님, 절로 가십시오.

"저놈의 영감 죽을려고 귀신이 씌었나!"

그렇게 산으로 올라간 정씨는 술과 함께 3일을 구워 먹고….

그 후, 어느 장날….
읍내에 가서 이틀간 술집에서 살던 정씨는 결국,
심장마비로 술집 여자 곁에서 세상을 떠났다.

스물다섯 번째 이야기
―
행자 이력

불당골의 사계절은 그 색채가 너무나 뚜렷했다.
그처럼 청·용도 선요와 능엄경, 기신론과 화엄경 등
스님이 승가대학에서 공부하는 것을 행자의 신분으로 다 배웠으니…

꽃피는 봄이 지나니 여름이 오고….

여름이 지나고 가을이….

가을이 올 무렵 마지막 과정인 화엄경을 배운다.
이 세상의 모든 것이 부처님처럼 존귀하다는 그 거룩한 화엄경을…

마지막 화엄경을 배우던 날 스님은 무척 흐뭇해 하셨다.

청·용은 앞으로 유명한 수행자가 될 것이다. 그리고 이번 초파일엔 수계를 하도록 해라.

드디어 초파일이 다가왔다. 할머니가 마련해 온 장삼을 입고 수계식을 봉행했다.
오계와 십계를 잘 지키겠다고 팔목에 불로 지질 땐 겁도 났으나 마음이 뿌듯하였다.

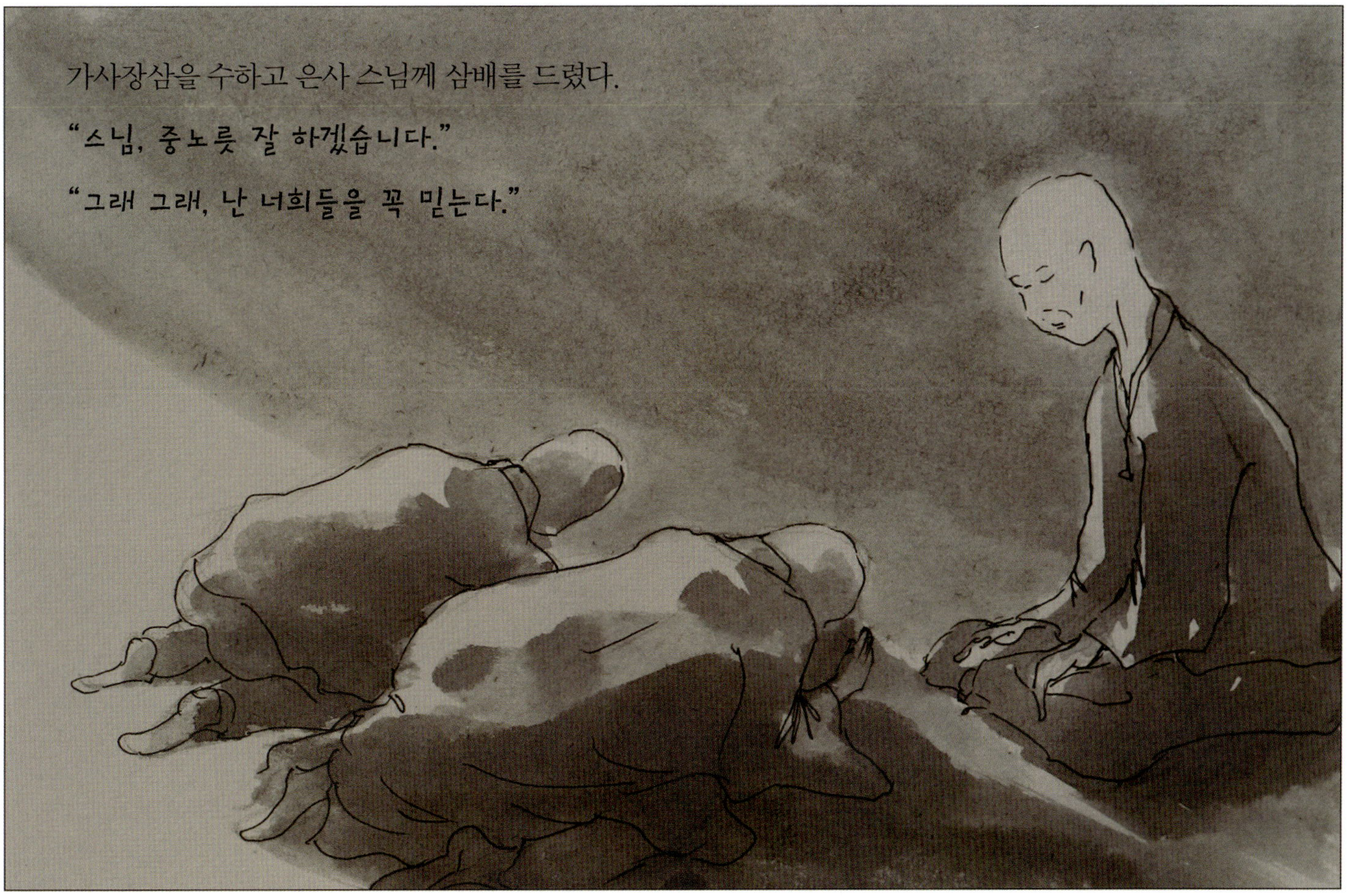

가사장삼을 수하고 은사 스님께 삼배를 드렸다.
"스님, 중노릇 잘 하겠습니다."
"그래 그래, 난 너희들을 꼭 믿는다."

"아이고, 장하다. 우리 손자 스님."

할머니는 큰 절을 올렸다. 그리고 장삼을 벗을 때 장삼 안쪽에 '정묘'라는 노란 글자가 보였다.

"아아 그거, 장삼 시주한 이의 이름인데 백일기도를 하면서 장삼을 마련했다더라."

스물여섯 번째 이야기
—
강당 생활

그로부터 일주일 후 청학은 걸망을 지고 은사와 함께 불당골을 나섰다.
강당에 가서 정식으로 불경을 대중과 함께 공부하기 위해서.

오후 늦게 도착한 불법사. 청은 은사 스님과 함께 이 방 저 방을 다니면서 인사를 드렸다.
특히 강사스님 방에 가서는 한참 동안 머물렀다.
그곳에서 은사 스님도 호랑이 등에 업혀간 그 스님도, 이곳에서 강사를 역임했다는 사실을 알게 되었다.

"내 상좌 청학입니다. 부족하더라도 잘 부탁드립니다."

"영민하게 생겨서 공부 잘 하겠네요."

큰방에 들어가서 서로 인사를 나누고 처음엔 좀 어색했는데, 날이 갈수록 재미가 났다. 특히 청학은 모든 과정을 다 마치고 왔기에 글은 식은 죽 먹기였다.

글은 너무나 쉬워서 별로 재미가 없었으나 새벽예불은 신심이 절로 났다.
50여 명이 운율을 따라 함께 하는 새벽예불, 촛불 속에 아른거리는 부처님의 미소, 천만 년의 꽃이여!

글은 싱거워서 배울 게 없어서 쉬는 날, 부산에 있는 고서점에 가서 사서삼경을 사왔다.
대학, 중용, 논어, 맹자, 장자 등등…
유교의 핵심이 담긴 책이다.

장자 설화에 나오는 한 대목….
어느 날 장자가 길을 가다가 무덤에 부채질을 하고 있는 소복 입은 여인을 발견했다.

"왜 그대는 무덤에 부채질을 하고 있소?"
"예, 이 무덤이 나의 남편의 것인데 잔디가 빨리 말라야 새 시집을 가거든요."
"허허, 인생무상이라…"

그런 일을 본 장자가 집에 돌아와 부채에다 시를 써놓고 부치면서 고개를 갸우뚱.
그 모습을 본 그의 아내가, "도대체 무슨 일이오?" 하니 부채에 쓴 글을 보여주었다.

「죽은 뒤에 내 무덤에 부채질을 할 줄 알았다면
 내 살아생전에 사랑한단 말은 하지 않았을 걸…」

"당신도 내가 죽고 나면 그렇게 되겠지?"
"무슨 소리요?"

그녀는 펄펄 뛰었다. 그 며칠 후 장자가 배가 아프더니 급사했다. 그 소식을 들은 제자들이 몰려왔다.
그 중에 젊은 멋진 제자가 배를 움켜쥐고 고함을 쳤다.

"아아악!"
"도대체 무슨 병이오?"
"이 병은 못 고치는 병이오. 약이 한 가지가 있는데 구하기가 매우 힘들어요."
"그게 뭔데요?"
"죽은 지 얼마 안 되는 사람의 골을 파내먹으면 바로 낫는데 그걸 구하기가 매우 어려우니…."
"저 건넌방에 죽은 우리 영감 있지 않소!"
"그러나 차마 어떻게…."

그녀가 도끼를 들고 영감 방에 들어가서 머리를 내려치려할 때 장자가 살아났다.
그리고는 부인은 양자강에 가서 물속으로 뛰어들었다.

그 애길 들으면서 자신도 행여 그 행자 때문에 무슨 일이 일어날지 걱정이 되었으나,
보고 싶은 마음도 한켠에선 도사리고 있었다.
청학은 부지런히 고서점을 드나들며 다양한 교양서적들을 읽었다.
하루라도 성현의 말씀을 읽지 않으면 입속에서 가시가 돋는다는 말을 익힌 것도 그때였다.

스물일곱 번째 이야기
—
일주문

불법사는 매우 큰 절이라 주말만 되면 장터처럼 붐볐다.

그래서 몇몇 인물 좋고 말도 잘 하는 학인을 뽑아 단체로 손님들을 안내하는데 청학도 그 중에 뽑혔다.

그 안내는 일주문부터 시작된다.
모든 이치는 하나의 참 진리에서 나온다는 뜻으로 처음에 일주문을 세우고….

우린 며칠을 강사스님을 따라서 사찰 전체의 설명을 들었다.

"안내할 때는 말도 조심하고 행동도 주의해야 돼. 여러분 한 사람이 조계종을 대표할 수도 있으니깐. 하나를 미루어 천을 안다고 하므로."

"이 일주문을 지나면 다음은 천왕문이지."

스물여덟 번째 이야기

—

천왕문

"이곳은 좀 무서운 데야. 죄 지으면 벌을 주는 모습이지.
동서남북 사방에 거주하면서 누가 무슨 죄를 짓고 있는지 감시하는 곳이고,
그런 신들이 계신 곳이야. 반면에 착한 일을 하는 이는 도와준단다."

"절의 입구에서, 절에서 수행하는 스님들을 보호하니 문지기 역을 하는 셈이지…
그러니 여기서부터 절집인 셈이지…"

"그 다음은 종각이지. 이 종각엔 네 가지가 있지. 큰북과 목어, 운판 그리고 대종이야. 이 네 가지를 사물四物이라고 하는데, 모든 중생들을 위한 것이야. 종은 지옥 중생을 위해서, 북은 소 등 축생을, 운판은 날짐승, 목어는 어류들의 화평을 위해서 하루 두 번씩 기도 직전에 치고 두드린다."

"그 다음이 불이문이다. 둘이 아니니 중생과 부처와 지옥과 극락 등이 혜안으로 바라보면 하나라는 거야. 모든 것이 동일한 조건으로 생존하나니 지혜롭게 보면 모든 게 하나요, 무지로 바라보면 천차만별이라."

"그래서 하나로 바라보면 처처處處가 행복이지…."

"그리고 안내를 하다보면 더러 사진 찍자고 하는 이가 있어. 특히, 젊은 여자하고는 사진을 안 찍는 게 좋아. 오늘은 이만 하자. 들어가서 쉬거라."
"예, 스님. 수고하셨습니다."

스물아홉 번째 이야기

—

여우골 늑대들

한편, 여우골에선 별별 말이 떠돌아 다녔다.
행자는 굿까지 했건만 몸은 점점 여위어가서 무슨 귀신이 들렸는가 하고.

구렁이를 삶아 먹은 후
이렇게 되었다느니….

봄 어느 날, 오후에 수환이란 꼬마가
늑대에 물려가는 소동이 벌어지고,
이씨 아저씨는 말벌집을 따다가 낭떠러지에서 죽는 사고도….
그러다보니 구렁이가 나온 행자네를 향해서 모두들 쑥덕거리니
행자 어머니는 이래저래 화가 나서 종일토록 욕만 하고 다녔다.

수환이 할머니가 산나물을 뜯으러 뒷산에 갔는데 타박솔 밑에 예쁜 강아지 세 마리가 있어서 그걸 다래끼에 담아 집에 갖고 왔는데, 그것이 여우 새끼였던 것이다. 그 앙갚음으로 그 어미가 수환이를 물고 간 것이었다.

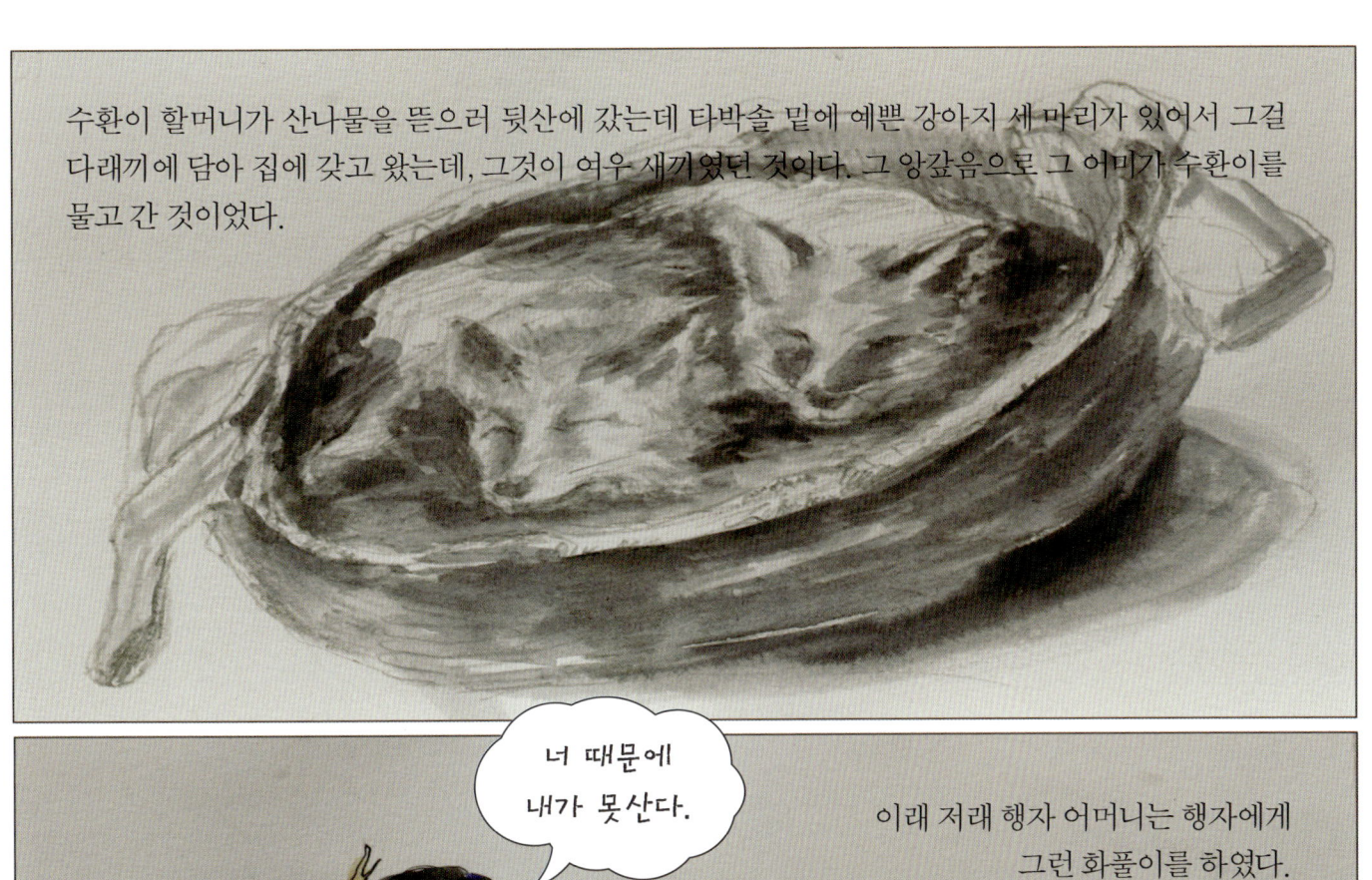

너 때문에 내가 못산다.

이래 저래 행자 어머니는 행자에게 그런 화풀이를 하였다.

"무남독녀 하나가 저 꼬라지니… 내가 못산다, 못살아…
무슨 놈의 병이 이름도 모르는 병이 나서 에잇! 쯧쯧…"

허구한 날 동네 사람들 욕만 하고 돌아다니는 그의 엄마가 너무나 딱해서 행자는 엄마를 향해 한마디를 했다.

"엄마! 좋은 사위 볼려고 하면 그렇게 입이 험해서 되겠어요?"

"이것 봐라! 그 주제에 시집갈 생각을 하는 거 봐…. 아이고, 내 팔자야."

그녀는 툭하면 팔자타령이었다.
몸이 이렇게 된 것도 얼마 전 동자를 만나러 갔던 날, 어머니가 잔칫집에 간다기에 오늘 좀 쉬는구나 했더니….

"이 밭 한 때기 풀을 다 매거라"하기에 조금만 해놓고 그 행자를 만나고 왔더니….
"그래 잘 한다, 잘해. 이 에미 일 못 시켜먹어서 안달이 났나.
그 일도 안 하고 어디가서 무슨 짓을 하고 왔나?"

하면서 하루 종일 나무라기에 하도 화가 나서 밥도 안먹고 멍청한 듯 쇼를 했더니 굿을 하고 그 난리를 친 것이었다.

성질이 괴팍하기로 소문난 행자 엄마, 그는 호미를 들고 밭두둑에서 노래를 부른다.

> 석탄 백탄 타는 덴
> 연기만 풀풀 나지만 이내 가슴타는 덴
> 연기도 먼지도 안 난다네.
> 이놈의 팔자 왜 이리 찌질이가
> 되었는가.

그러다가 호미를 홱! 던져버리고 그냥 집으로 삼십육계.

그렇게 세월은 흐르고 또 흘렀다.

서른 번째 이야기

—

원적

한편 불법사에선 큰 종소리가 108번 울렸다. 방장 영산 큰스님이 가을바람과 함께 원적에 드셨기 때문이다.

청학도 도반들과 함께 온종일 장례 준비에 참여했다. 그의 소임은 다비장 설치와 장작을 준비하는 것이었다.

장례날은 만장을 높이 들고 아미타불을 부르면서 다비장으로…

장작을 산더미처럼 쌓아 놓고 석유를 좀 부어 놓은 뒤 횃불로 불을 붙일 때, 주지스님이 고함을 지른다.

"방장스님! 불 들어갑니다."

그렇게 화장을 하고 난 그 이튿날 오후, 회색빛 잿속에 묻힌 방장스님…
청학은 멍하니 그 잿무덤을 바라보았다.

이윽고 문도의 어른 스님들이 흰 장갑을 끼고 방장스님의 사리를 수습하였다.

엇! 사리다.

상좌들은 나직하게 외쳤다.
마치 오팔처럼 빛나는 사리가
소복하게 빛을 내고….
그들은 조심조심 해서
항아리에 모셨다.

먼저 깨끗하게 씻어낸 항아리를 미리 준비해 둔 상좌들이었다.

원래 사리는 수행을 잘한 스님한테서 나오는 구슬로 계·정·혜 삼학의 결정체이다.
참으로 신비한 일이었다.

인생은 도대체 무엇인가?

나도 나중에 저런 사리가 나올 수 있을까?
청학은 이런 생각을 하면서 다 타고 남은 잿더미를 바라보았다.
사리를 바라보면서 생전의 방장스님의 모습을 생각해보는 청학…

무상의 법칙은 그렇게 청학의 마음속에 희열과 허전함으로 함께 자리하고 있었다.

"사리가 스님인가? 스님이 사리인가?"

무상의 법칙은 그렇게 청학의 마음속에서 희열과 허전함으로 함께 자리하고 있었다.

방장스님의 사리를 친견한 청학은

그날 이후 한층 더 정신을 차리고 마음을 가다듬었다.

서른 한 번째 이야기
―
용과 뱀이 동거하다

책장이 넘어가니 얼굴도 익어져서 25명 치문반 모두는 친구가 되어간다.

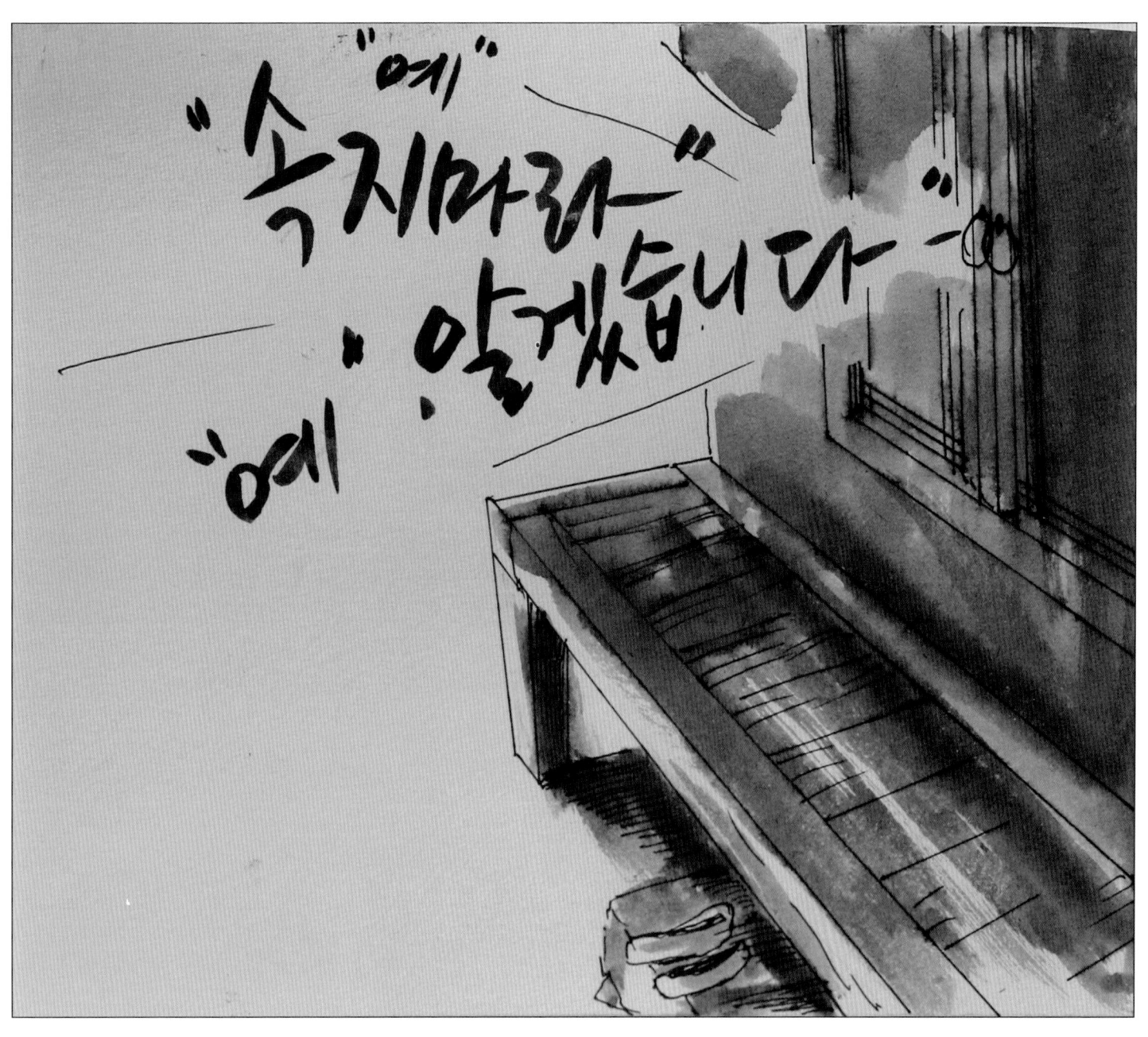

불법사는 워낙 큰 절이라 뒷방 노스님들이 수행하는 방식도 재미났다.
원경 스님은 공양이 끝나고 방에 들어가면 온종일 자기 이름을 스스로 부르면서
"속지 마라." 고 고함을 지르고선
"예, 예." 하고 대답을 한다.

또 일우 노스님은 틈만 나면 금강경을 독송하다가 그 무엇이건 만들어서 지나가는 사람들에게 나눠주는가 하면….

또 얼마 전에 제대한 동우스님은 무슨 내기하기를 좋아했다.
석양의 해를 보고 눈 깜빡이지 않기, 물속에 머리 넣고 오래 있기, 머리로 목침밀기 등등.

또 가수가 꿈이었던 종오스님은 뒷산에 올라가서 콜라병을 입에 대고 노래를 구성지게 부른다.

그래서 불법사엔 용과 뱀이 함께 살듯이 다양한 개성의 소유자가 한 솥밥을 먹고 잘 지냈고,
그런 모습을 보고 느끼는 가슴은 언제나 환희로움으로 가득 찼다.
특히 새벽예불이 끝날 무렵의 동쪽 하늘을 바라보자면 환희로움은 이를 데 없었다.

서른 두 번째 이야기
―
대교를 마치다

드디어 4년의 세월이 지나면서 대교를 마치게 되었으니,
청학은 유교, 도교와 칸트나 니체 등의 다양한 책들을 많이 읽었다.

그 무렵 수학여행 온 여학생들이 청학과 함께 사진을 찍자고 졸랐으나,
그는 사진 찍으면 안 된다며 자기 방으로 돌아가고….

정말 멋진 스님이네….

말은 그렇게 하면서도 저녁에 가만히 생각해보면,
그렇게 예쁘고 오동통하게 생긴 여학생들의 모습이 눈앞에 아른거렸다.

청학도 4년의 과정을 마치고 걸망을 지고 불법사를 떠났다.
꽃이 피면 열매가 맺듯….

고목 느티나무 속에 버려진지 10년,
청학은 야무진 비구가 되어 불당골로 돌아왔다.

"스님, 안녕하십니까? 저 공부 잘하고 돌아왔습니다."

"그려, 그려. 고생 많았네…."

"스님! 앞으로 어떻게 공부를 하면 좋겠습니까?"

"그래, 얼마 전 강사스님이 청학은 너무나 공부를 잘했고, 실천도 넉넉해서 바로 강사를 했으면 하고 허락을 청하더라."

그러나 불교는 이론을 실천으로 옮겨서 자신의 마음을 닦아야 돼. 그래서 내가 사양했지. 한 3년 정도 참선을 하도록 해라.

"예! 그렇게 하겠습니다. 다가오는 4월 결제엔 오대산 상원사에 방부 드리도록 하겠습니다."
한 마음에 들어 자신을 살피는 자, 만인에게 자비를 베풀 수 있는 지혜가 나오나니….

스승과 제자. 남남이 만나서 불법을 매개체로 한 인간관계 법으로서의 온기는 피로서의 혈육보다도 더 훈훈하게 느껴졌다.

청학은 행여 행자네 얘기가 나올까 은근히 그들의 주변을 맴돌았다.

"글쎄 말이야, 그렇게 파평 윤씨 양반 딸이라고 하더니 행자가 술도가(양조장)집 며느리가 된다던데…."

"근데 말야, 벌써 조짐이 이상해. 아래 장날 행자가 장에 왔는데 눈덩이 시퍼렇게 되어 왔다네."
"참, 행자 에미 팔자도 더럽지. 남편 일찍 죽고, 사위라고 본 게 벌써 손찌검이라니."

그 말을 들은 청학의 마음은 지게 위의 고춧대 무게보다도 더 무거웠다.

서른 세 번째 이야기
—
화두와의 씨름

음력 4월 15일 결제를 위해서 청학은 불당골을 나섰다.
경전에 이상스런 문구가 나올 때마다 강사스님은, 그것은 참선을 해봐야 이해가 된다고 하셨으니….
그의 마음은 희망에 부풀어 있었다.

들기만 했던 해인사.
위압감이 넘쳐나는 가야산. 그는 몸과 마음을 가다듬고 객실로 들어갔다.
방장스님은 들던 대로 눈이 움푹 패이고 해맑은 얼굴에 눈에서는 광채가 나서 도저히 제대로 쳐다볼 수가 없었다.
그 이튿날 지객의 안내로 그 유명한 성공 방장스님을 친견하고 방부를 들였다.

방장스님은 느닷없이 물었다.
"왜 참선을 하려고 하는가?"
"참선 하려고 하는 이놈이 무엇인지 알려고 그럽니다."
"아, 이놈 봐라! 이력종장이라고 제법 한 마디 하네
그걸 알려면 내가 주는 화두를 타파해야 돼."

어느 날 명정 학인이 조주 큰 스님께 여쭀다.
"어떤 것이 불교의 참뜻입니까?" 하니, 대답이
"당나귀 일은 오지 않았는데 말 일은 이미 왔다 했으니, 그것이 무슨 뜻인가?"

청학이 아무 말이 없으니 크게 소리 내어
"알겠나? 알겠어?"

선원의 분위기는 확실히 달랐다.
분별심을 내어 따지지 않는 것이었다.

화두선은 그 알 수 없음 자체에 매몰되어야지 문제를 풀려는 의식이 작동하면 그 자리에서 죽는다.

일념의 성취, 쉽진 않았지만 잠깐잠깐 맛보는 삼매의 향취,
지식적 분별을 떠난 일심의 세계는 환희로움과 자신감으로 가득찬 행복의 한마당이었다.

어느 땐 꽝! 하고 도가 터질 듯한 그런 느낌을 받을 때도 있었다.
그렇게 선원을 전전하다가 어느 해 봉암사에 갔을 때, 그곳에서 동생인 용선을 만났다.

오고 감에도 한 생각이요, 앉으나 서나 일념이니
좌선 삼매의 맛은 점점 깊어졌다.

어느 날, 삼층석탑 앞에서 선정에 들었는데,
탑도 사람도 함께 사라졌으니….
그 텅빔의 충만!

청학은 봉암사를 시작으로
유명한 선방에서 정진을 이어갔다.

어느 해, 겨울 지리산 홍륜사에서 선정에 들었다. 그곳에선 유명한 고봉 조실스님이 주석했다.
결제 법문에서 그는 주장자를 가리키며
"이것을 주장자라고 하면 법리에 어긋나고 아니라고 하면, 현상에 그르치니 대중에서 한 마디 일러보시오…."

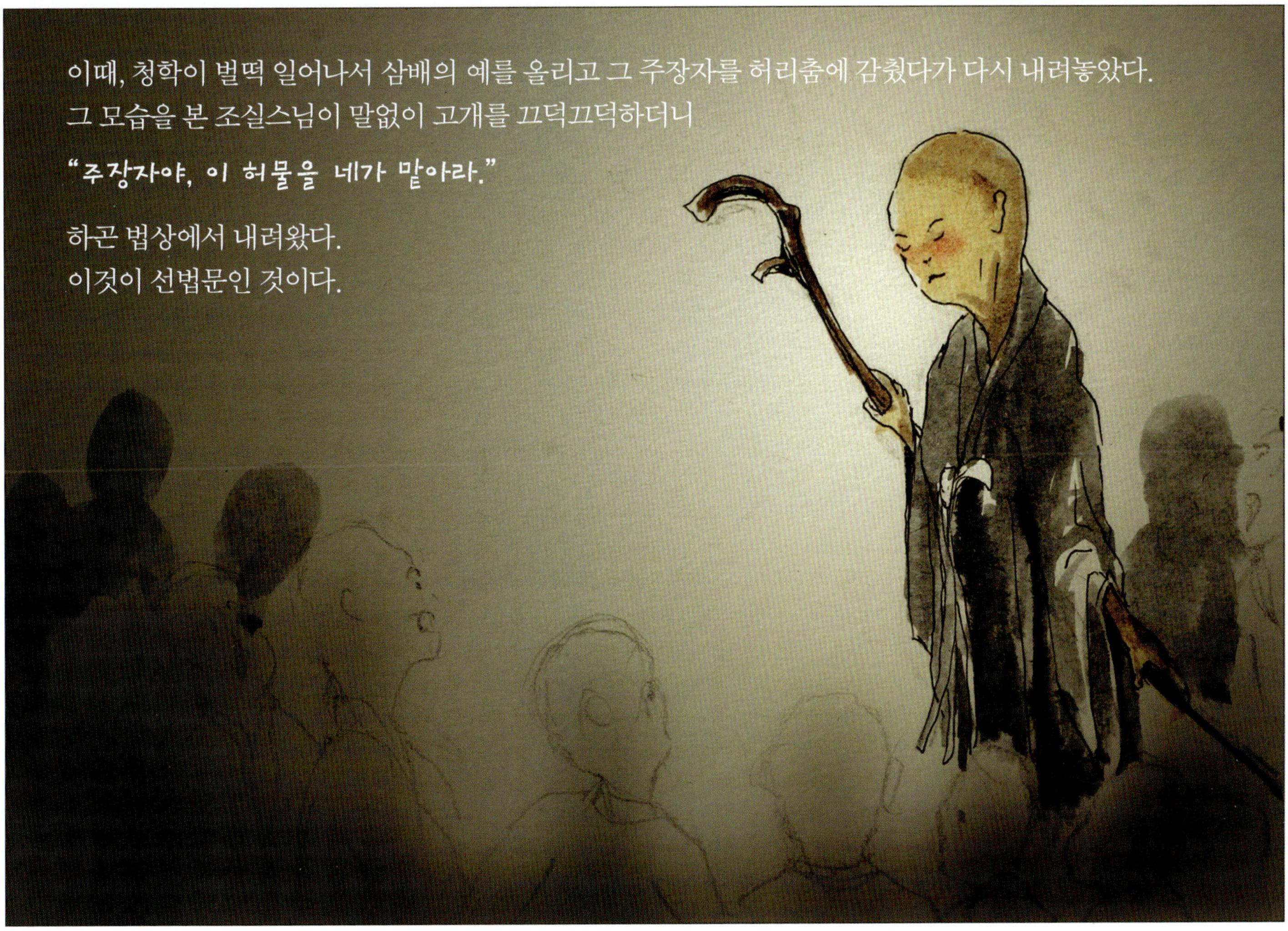

이때, 청학이 벌떡 일어나서 삼배의 예를 올리고 그 주장자를 허리춤에 감췄다가 다시 내려놓았다.
그 모습을 본 조실스님이 말없이 고개를 끄덕끄덕하더니

"주장자야, 이 허물을 네가 맡아라."

하곤 법상에서 내려왔다.
이것이 선법문인 것이다.

그 이후 여름철엔 다시 시원한 해인사에서 살았다.
해제가 지난 얼마 후, 가을 단풍이 들 무렵 가야산 홍류동은 참배객들로 산길이 모래처럼 된다.
청학은 공양 후 낙엽을 밟으며 포행에 나섰다.
낙엽은 다시 뿌리로 돌아가고 뿌리에선 다시 푸른 싹을 틔우리니, 청·홍이 결국은 하나라….

그때, 멋있게 생긴 아가씨가 올라오면서 힐끗힐끗 청학을 쳐다보았다.
그때 순간적으로 그녀의 몸속에서 피고름이 나오면서 속옷이 다 보이고 가방 속에 든 빨간 팬티까지도….

청학은 그 모습을 보면서 그녀를 바라보다 빙긋이 미소를 짓는데….
가방을 열고는 몇 장의 지폐를 꺼내주지 않는가!
청학이 말도 없이 성큼성큼 걸어가 버리자,
그녀는 멍하니 청학의 뒷모습을 바라보았다.

어휴! 정말 멋진 스님이네….

여인의 미소와 청학의 웃음은 같으면서도 전혀 다름이었다.
연꽃을 피게 하는 진흙탕의 사바세계,
그 다름에서의 조화를 이루는 맛이 바로 선열의 맛이다.

그 해, 겨울은 유난히 추운 가야산이었다. 그래서 바깥출입을 자제하게 되니 정진하기로는 더더욱 좋은 선열당이었다.

달빛이 교교한 어느 날 저녁, 청학이 깊은 삼매에 들었다. 그는 그 속에서 아름다운 광경을 체험한다. 어딘지는 모르겠으나 고목 감나무가 있는 조그만 암자가 나타났다.

자신은 회색 두루마기를 입은 채로 은신암이라고 쓰여진 곳으로 들어갔다.
"그때, 여보 이제 오시오." 하면서 마중 나오는 여성이 있었으니 자세히 바라보니 여우골의 행자였다.

그녀는 아랫목에 묻어 두었던 밥그릇을 꺼내서 반찬과 함께 상을 차려온다.
"따뜻한 공양 잘했습니다. 여보!" 그들은 서로의 눈을 맞추며 행복감에 젖었다.

그리곤 그 장면이 홀연히 사라졌다. 청학은 두 눈을 비비면서 그 광경을 다시 더듬었다.
"어휴! 그런 일이…."

청학은 자리에서 일어나 밖으로 나왔다. 열이렛날의 밝은 달빛이 과거와 현재를 이어주었다.
"오 오! 전생에 내가 대처승이었으며, 행자가 나의 부인이었다. 참으로 묘한 인연의 법칙이군…."

이런 감흥이 삼일 지나고, 다시 앉아서 화두 일념에 들었다.
이젠 잠이 거의 오질 않아 밤새워 정진했다.
오래 앉아 있어도 피곤도 없고, 오직 알 수 없음의 화두일념으로,
뜨는 해와 지는 달을 맞이하니….
그 환희로움을 어찌 붓으로 표현하랴!

그러던 어느 날, 화두 속 의심이 타파되면서 하나의 문구가 저절로 떠올랐다.
"매화나무 한 꽃눈 천하 봄빛 알림이며, 오동나무 한 이파리 가을 색상 들어내네.
그로부터 천하의 일 의심치 아니하니 그 모두가 두루두루 나로부터 나온다네."

청학은 날듯이 기뻤다. 십 년 체증이 내려가듯,
그는 덩실덩실 춤을 추고 싶었으나
그저 맘속으로 새겼다.

해제 전날, 청학은 조실스님을 친견하고 자기가 겪은 일을 말씀드렸다.
"아이고, 그새 애 많이 썼네. 근래에 보기 드문 납자가 나타났네. 그래 내가 몇 가지
화두를 줄 테니 어디 한 번 답해 보거라."

하시곤 몇 가지를 제시하는데
청학이 척척 대답하니….

"엇, 이놈 봐라…."

그리곤 마지막으로 또 하나 물었다.

"예전에 어떤 노파가 한 스님을 10년 수발들었어. 10년이 끝나는 날 예쁜 그의 딸을 보내서
그 스님의 무릎팍에 앉혀서 볼을 비비며 아양을 떨면서 '스님, 이럴 때 어떻습니까?'하고
물으니 '마른 나무가 찬 바위에 기댄 것 같지.'라고 대답했지.
그 말을 어머니에게 전했더니 그 암자에 불을 질러 버리면서 한다는 말이
'내가 10년 동안 속인 놈을 키웠구나.' 했다는 거야.
그 일에 대해서 내가 '천길 얼음 위에 붉은 해가 밝았으며, 일곱 자 지팡이 밑에 푸른
구슬이 구르도다.' 했는데, 그게, 무슨 뜻인가?"
"큰상 밑에는 반드시 용감한 장부가 있습니다."
"헛! 이 수좌 봐라…."

"자네는 부처의 살맛을 보았구나. 그러나 골수 맛을 알아야 영겁의 윤회에서 벗어날 수가 있지. 하나 더 묻겠네. 오조 법연 스님에게 어떤 수좌가 삼보에 대해서 물으니, '고기잡이 바위의 사 씨의 셋째 아들이니라'.라고 답했는데 그 뜻이 무엇인고?"
"알 수 없습니다."
"그려 그려, 거기서도 대답이 척 나와야 되지. 화두를 타파했다는 생각을 접고 다시 그 알 수 없음으로 더 깊이 들어가게. 오늘 정말 알짜배기 수좌를 만나서 기분이 좋다."

"조금 알았다고 아는 소리 하면서 대접받기 시작하면 그게 망쪼야. 수박을 잘 익은 것을 시장에 내놔야 제값을 받거든. 설익은 수박이 되면 안 되니 조심해야 되지."

하하하하하

큰스님 경책 말씀 잘 새기겠습니다.

그려 그려, 정진 더 열심히 하게.

해제를 마치고 청학은 불당골로 돌아왔다. 5년을 선원에서 지내고 돌아온 불당골 절은 같지만 느낌은 전혀 달랐다. 들림과 보임이 모두가 소중하게 느껴졌다.

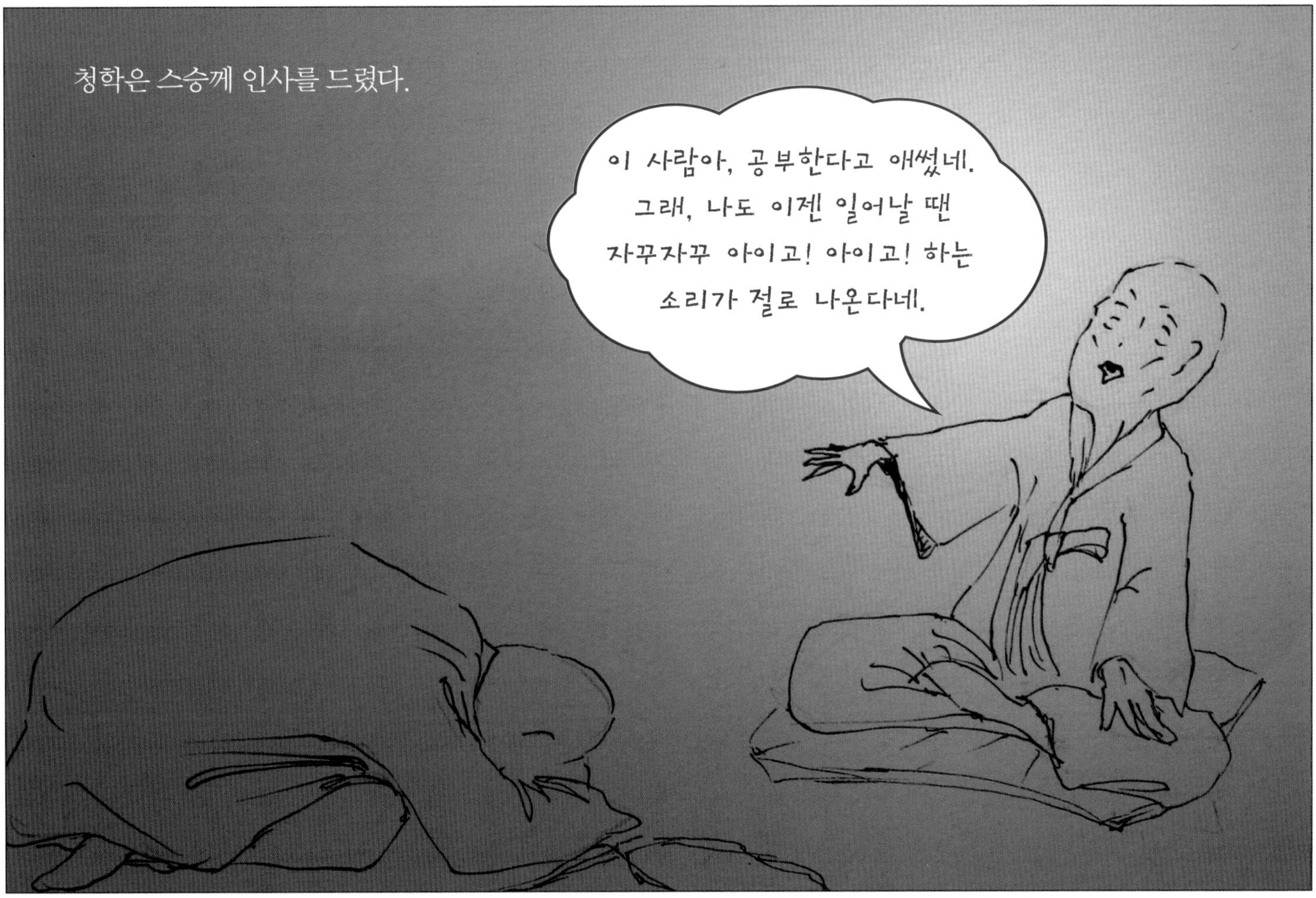

청학은 스승께 인사를 드렸다.

"이 사람아, 공부한다고 애썼네. 그래, 나도 이젠 일어날 땐 자꾸자꾸 아이고! 아이고! 하는 소리가 절로 나온다네."

"그런데 얼마 전에 불법사 주지가 다녀갔어. 자네를 강사로 초청하고 싶다면서…"
"예, 스님께서도 뜻이 같으시다면 스님의 뜻을 따르겠습니다."
일주일 뒤 청학은 불법사의 교무를 따라서 불법사로 향했다.

서른 네 번째 이야기
—
강사시절

불법사에 다다르니 학인들이 줄을 서서 새 강사스님을 환영해 주었다.

"잘 왔네. 청학 강사! 우리 절 강원이 앞으로 빛이 날걸세…."

청학은 대웅전을 참배하고 뒷방 어른 스님들께 인사를 드렸다.

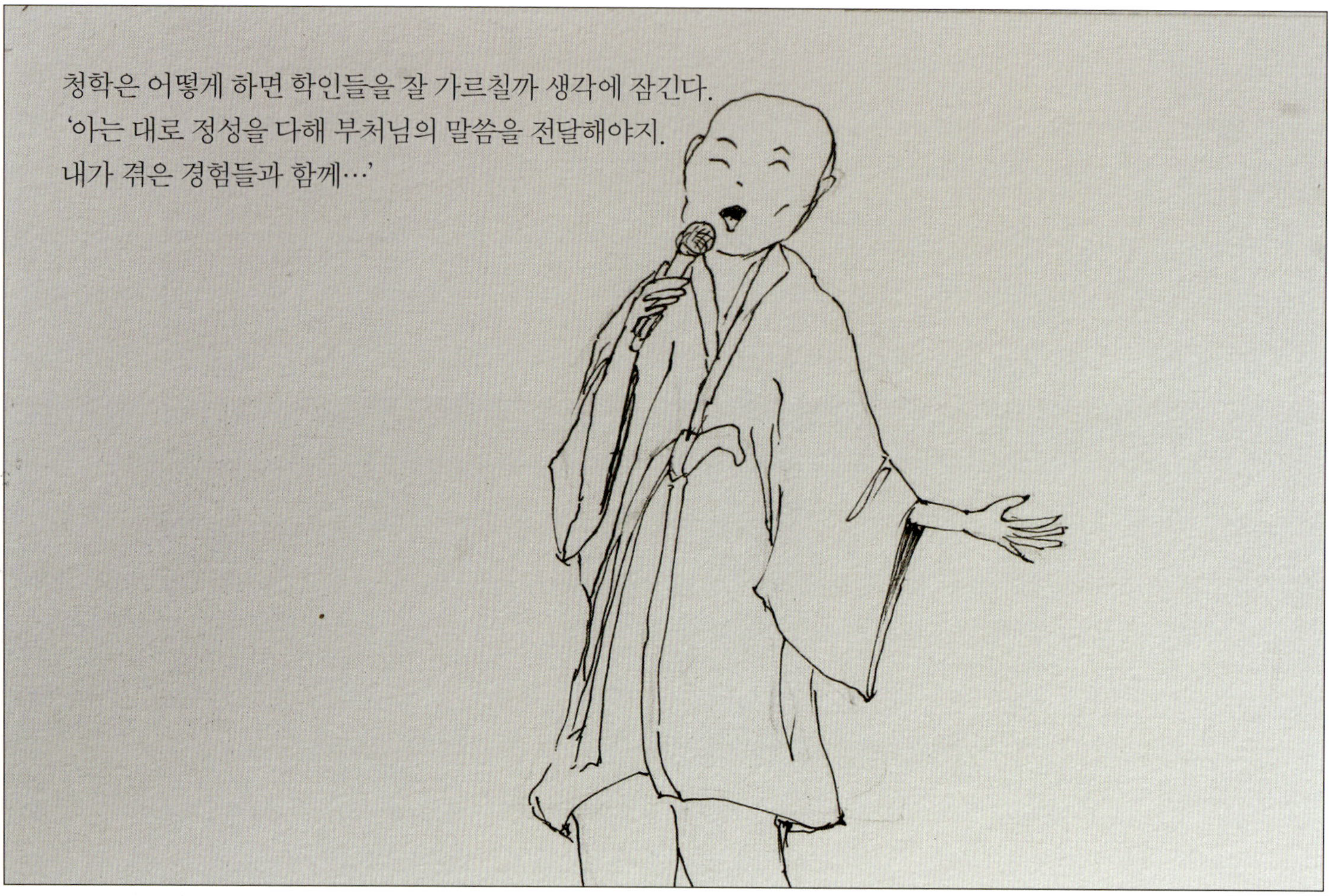

청학은 어떻게 하면 학인들을 잘 가르칠까 생각에 잠긴다.
'아는 대로 정성을 다해 부처님의 말씀을 전달해야지.
내가 겪은 경험들과 함께…'

강사스님 취임식이 큰 법당에서 거행되었다.

"여러 가지로 부족한 강사입니다. 많은 채찍 바라겠습니다."

개강이 되기 전, 청학이 그 절의 강사로 왔다는 소문이 나자 학인들이 몰려들었으나 모두를 수용할 수 없었다.
그는 이미 학인 때부터 전국 방방곡곡에 천재 승려로 소문이 자자했으니….

날이 지날수록 그를 찾는 승려와 신도가 늘어났다.
그들은 음식과 옷가지 등의 선물을 싸들고…. 얼굴은 백옥처럼 맑고 눈빛은 유리알처럼 번뜩이었으니,
그들은 일 분이라도 더 청학의 곁에 있고 싶어했다.

봄빛이 푸르고 무성한 여름이 지나길 다섯 번…. 청학의 명성은 전국에 물결처럼 퍼져나갔다.

그래서 다른 강원에서 월 보시를 곱절로 드릴 테니 그곳으로 오라고 난리였으나,
청학은 곳곳마다 거절했다. 은사스님 대대로 이어진 강사실을 돈에 팔려 떠다닐 수 없는 그였다.
그리고 무엇보다 그곳은 청학의 모교이었으니…

불법사 강원제25회졸업

그럭저럭 6기의 졸업식을 앞둔 어느 날, 불당골에서 연락이 왔다.
스승이 위독하다는 것이었다. 청학은 고심 끝에 강사를 그만 두기로 결심했다.
훌륭한 강사감도 배출했지만 무엇보다도 스님의 마지막을 지키고 싶었던 그였다.

6기 졸업식장은 감사와 함께 헤어짐의 아쉬움으로 가득 찼다.

"그동안 여러 어른 스님들과 후원의 손길로 잘 지내다 갑니다. 안녕히 계십시오."

헤어짐과 만남이 모두 인연의 원리라고 하지만 정들었던 사람들과 떨어져야 되는 순간은 오기 마련이다.

서른 다섯 번째 이야기
—
원력의 끈

"스님! 잘 다녀왔습니다. 지금은 좀 어떻습니까?"
"그래, 보듯이 말이야. 삭신은 수수깡처럼 되고…
곳곳에서 이 몸이 부서지는 징조가 보인다네. 이제 곧 가야지."

청학과 용선은 허물어져 가고 있는 스승의 몸을 바라보며 눈물을 흘렸다.
"이 사람들아 난 좀 기대야겠네."
긴 한숨을 내 쉰 스승은 벽을 의지하고 다리를 뻗었다.

"책상 위에 있는 두툼한 책을 펴보아라. 내가 접어놓은 곳을….
이건 우리 족보야. 그곳에 속명 오기가 나오고 그 밑에 청학(승려)이라는 이름이 나올 거야."

청학은 어리둥절한 눈으로 스승을 바라보았다.

"학아, 그리 놀라지 마라. 그 분이 내 할아버지 스님이었는데,
네가 바로 할아버지 스님의 후신이란다."
"아~아! 스님…."

"오래 전 너희 할머니께 들은 얘기다."

"우리 며느리가 태몽을 꾸었는데 어떤 스님이 탁발을 나오셨는데 쌀을 드리고 나니 스님이 바랑에서 큰 사과 하나를 꺼내주면서, 나는 불당골에 살았던 청학이란 승려인데, 이제 이 집 애기로 다시 태어난다고 하더란다. 그때까지 태기가 없어서 할머니가 여기와서 생남 기도를 했을 때이지."

그 사과가 진주로 변해서 번쩍 빛이 나더라고 했다.
"앞으로 큰 스님이 될 징조입니다. 애기가 태어나면 불당골로 보내주십시오."

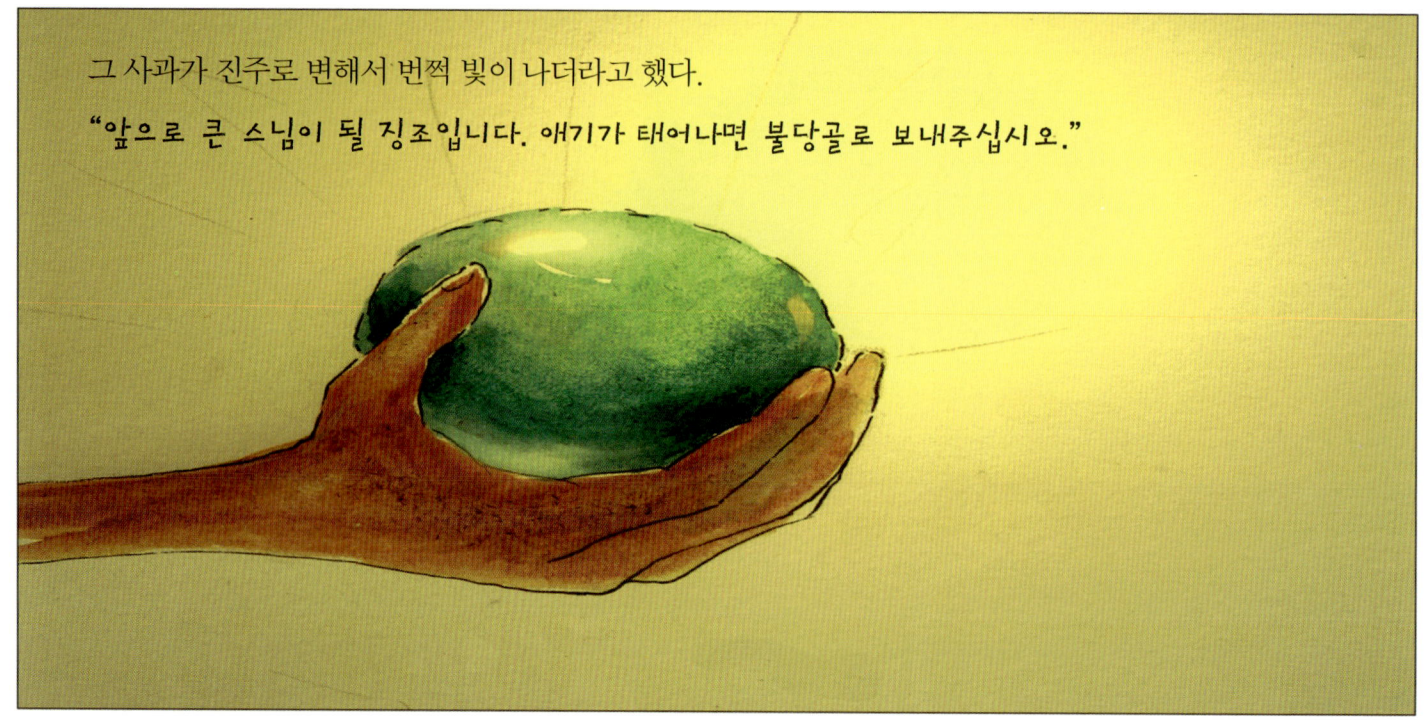

"전생과 이승의 끈을 잇는 업력의 원리란 참으로 묘하고…."

"할아버지 스님이 대처를 해서 많이 불편해 했단다.
내 생애는 청정 비구로 태어나서,
그 원력의 끝이 할머니의 기도를 통해서 들어난 거야."

"그리고 그 아래, 좀 더 내려가 봐라."
이건 또 뭔가…. 그곳엔 실인 파평 윤씨라고 적혀 있질 않은가!
"그러면 여우골 행자가?!"

"청아, 지금 곧 부도 거리에 가서 세 번째로 큰 부도를 잘 보거라. 난 좀 누워야겠다."
용선이 조심스럽게 스님을 누이고 단정하게 곁에 꿇어 앉았다.

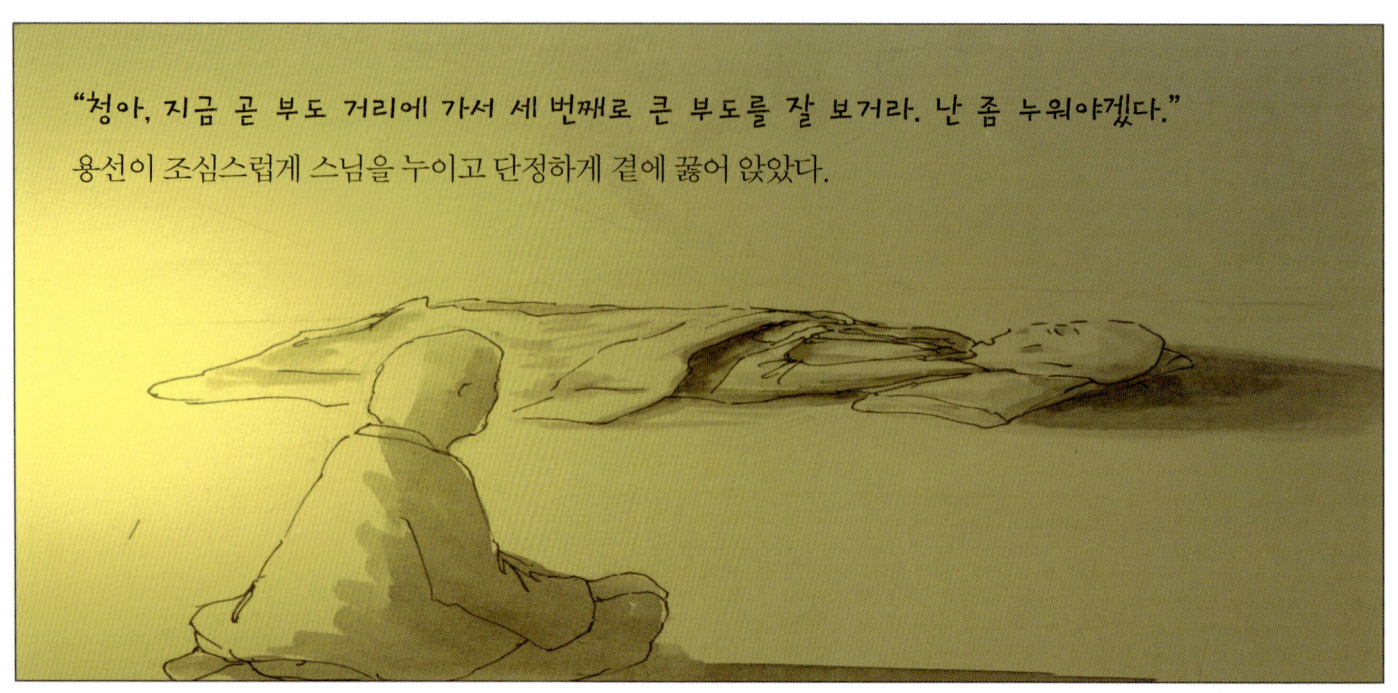

청학이 부도 쪽으로 가서 세 번째 부도를 자세히 살펴보니…. 청학 스님의 부도라고 적혀 있었다.

과거의 청학과 지금의 청학!
그 부도 곁에 앉아 문수봉을 쳐다보는 지금의 청학.
저 멀리서 저어새 소리가 아련하게 들려왔다.

"그 옛날의 청학 스님도 이렇게 앉아서
저 새소리를 들었겠지…."

"청·용아, 이제 곧 내 옷을 벗을 때가 되었다. 내가 가거든 너무 부산 떨지 말고 간소하게 하거라. 김보살 자매가 많이 도와줄 것이다."

둘은 스님의 손을 하나씩 잡고 고개만 끄덕였다.

"내가 가거든 제일 마지막에 제일 작게 부도를 만들어라. 불당골도 우리와 인연이 다 되어간다. 하긴 200여 년이나 우리 식구들이 대대로 살아왔으니…."

삼일 후 스님은 영면에 들었다.

서른 여섯 번째 이야기

—

설법 공덕

스승이 자리를 비운 불당골은 한동안 허전하였으나, 산천초목의 색깔이 여러 번 변하니 이젠 안정이 되었다.
이 무렵 대형 사찰에선 참신하게 수행한 선사들을 초청하는 법회가 성황을 이루었다.

말만 잘하는 승려나 포교사보다도 실천수행을 하는 참선 스님들의 모습과 말을 들어 보고 싶었던 것이었다.

그것의 최초 발단지는 서울의 태고사에서 봉행한 백고좌법회였다.
고려시대부터 행해졌다는 이 법회대로라면
사실은 100분의 대승고덕을 함께 초청하는 법회였다.

그러나 지금은 하루에 한 분씩 모시고 100일 동안 여는 법회였다.
그 땐 서울이 떠들썩할 정도로 대단히 인기 있는 법회였다.

그 무렵, 부산에 있는 법성사라는 비구니 절에서도
그런 흐름을 타고 21일 고승 설법회를 갖게 되었다.
그 절 주지인 법성 비구니는 기도를 잘하기로 소문이 났다.
그녀는 부처님께 올릴 공양물은 최고로 좋은 것을 샀고,
그것을 절대로 땅에 놓지 않았다.
그녀의 까탈스러움은 유별났다.
화장실에 갈 때의 옷과 신발은 달랐고,
하루 한 끼만 먹으면서 남의 기도를 맡으면
성취될 때까지 관음의 화신이란 소문이 돌았다.

선·교를 겸한 수행승으로 또 인물이 좋기로 소문난 청학도 초청법사의 대상이 되었다.

철쭉이 만개한 화사한 봄날에…

법성사에 도착하니
'오늘의 법사는 청학선사입니다.'
하는 큰 현수막이 걸려 있었다.
108평의 그 큰 법당엔 신도들로 가득 찼고,
앞마당에도 신문지로 고깔을 만들어 쓴 많은 노보살들이 줄지어 앉아 있었다.

삼계는 화택과 비슷합니다.
자기 집에 불이 나면 얼마나
불안하겠습니까?
그러나 중생은 불이 난 줄도 모르고
그저 탐욕에 취해 있으니….

청학은 그 멋진 음성으로 법화경 화택비유품을 구성지게 읽어 내려갔다.

고개를 끄덕이는 신도도 있었고 공책을 꺼내 적는 이도 있었고, 합장을 하면서 허리를 구부리는 이도 있었다.

그래서 우린 그 불안감과 불만족의
집안에서 뛰쳐나와야 됩니다.
그것이 바로 수행이고
멋지게 사는 유일한 길입니다.

그 길이 여러 갈래가 있지만, 가장 빠르고 정확한 길은….

자기 마음을 잘 살피는 참선법입니다. 거기서 부처님께서 말씀하신 원리를 직접 깨달아야 합니다.

"대표적인 길을 셋으로 나타냈지요. 하나는 부처님의 말씀을 지속적으로 외우는 것이고, 두 번째는 가만히 명상을 통해서 자신과 마주 하는 것이요, 세 번째는 봉사와 헌신을 통해서 함께 잘 살아보자는 것입니다. 그러나 불교의 핵심은 스스로가 깨닫게 되는 각성을 제일 중요하게 생각하고, 그것을 흰 소가 끄는 수레에 비유해 깨달음의 수행법이라고 했습니다."

글자만 따라가지 않고 자신이 참선 시 직접 느낀 것과 현실적 삶을 연계하여
쉽고 재미있는 법문이 끝나자 우레와 같은 박수가 쏟아져 나왔다.
나오는 길에 스님 손을 잡아보자며
앞 다투어 나와서 길을 걸을 수가 없었다.

겨우겨우 방으로 돌아오자 법성 주지도 따라 들어왔다.
"스님 법문 너무나 훌륭했습니다."
가사장삼을 벗을 적에 법성 주지가 거들어 주었다. 그때, 장삼에 박힌 정묘라는 글자를 보자,
"스님, 이 정묘가 누군지 아십니까?"
"모릅니다. 할머니가 장삼을 가져 왔을 때 누구냐고 물었더니 그냥 신심 있는 신도라고만 말했습니다."

그때, 그 스님의 손가락을 보니 육손이었다.
"엇! 육손이 그럼, 스님이 혹시 저의 어머니?"

"그렇습니다, 스님. 이 못난 법성이 바로 스님의 에미입니다."

청학은 현기증이 일어날 듯 눈앞이 침침했다. 둘은 눈물을 주르르 흘렸다.
청학이 가끔 어머니를 생각할 때, 삼단 같은 머리를 한 고운 여인으로 생각했었는데,
자신의 모습과 같은 사람으로 만나게 되다니….

"이러다 누가 오면 곤란합니다."

둘은 눈물을 거두고 마주 보며 앉았다.

"고맙습니다. 어머니 스님, 이렇게 만나게 되었으니…."

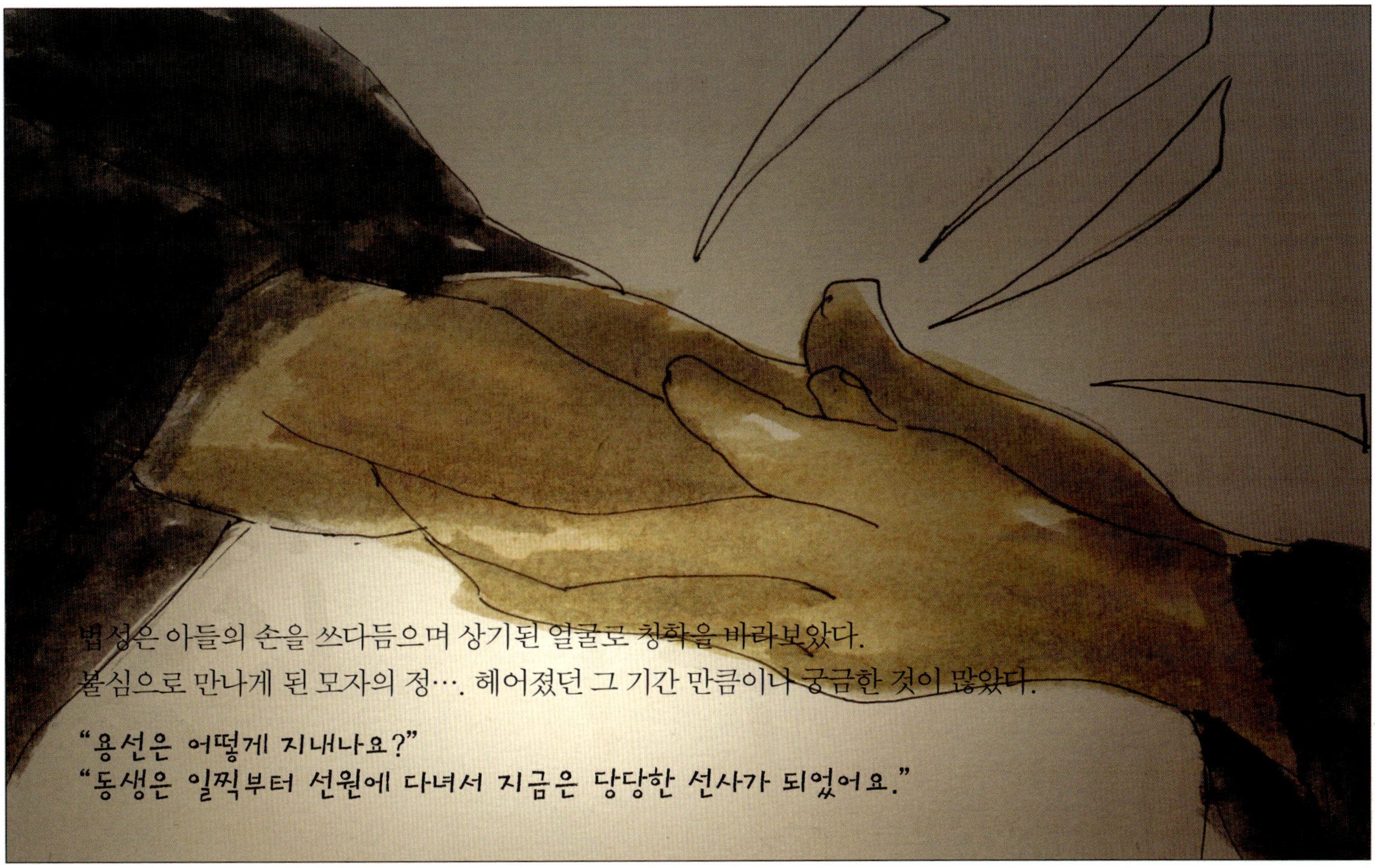

법성은 아들의 손을 쓰다듬으며 상기된 얼굴로 청학을 바라보았다.
볼심으로 만나게 된 모자의 정…. 헤어졌던 그 기간 만큼이나 궁금한 것이 많았다.

"용선은 어떻게 지내나요?"
"동생은 일찍부터 선원에 다녀서 지금은 당당한 선사가 되었어요."

모자는 궁금했던 얘기들을 서로 주고받다가 자리에서 일어섰다.
"스님, 우리 도량 한번 둘러보십시다."
두 모자 스님은 구석구석을 둘러보다가 산신각 옆 작은 방 앞에 멈춰 섰다.

스님, 법성 들어갑니다.

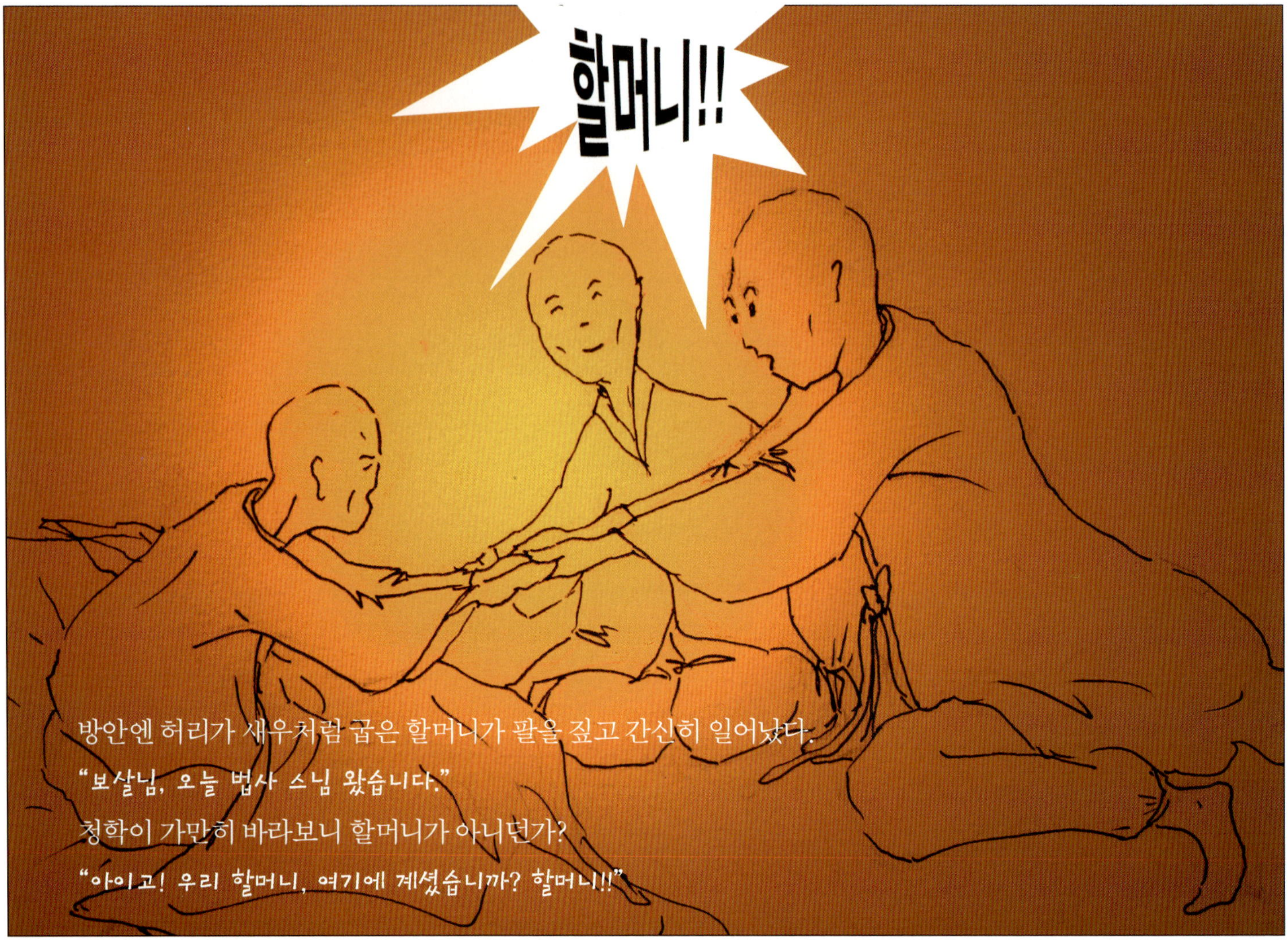

할머니!!

방안엔 허리가 새우처럼 굽은 할머니가 팔을 짚고 간신히 일어났다.
"보살님, 오늘 법사 스님 왔습니다."
청학이 가만히 바라보니 할머니가 아니던가?
"아이고! 우리 할머니, 여기에 계셨습니까? 할머니!!"

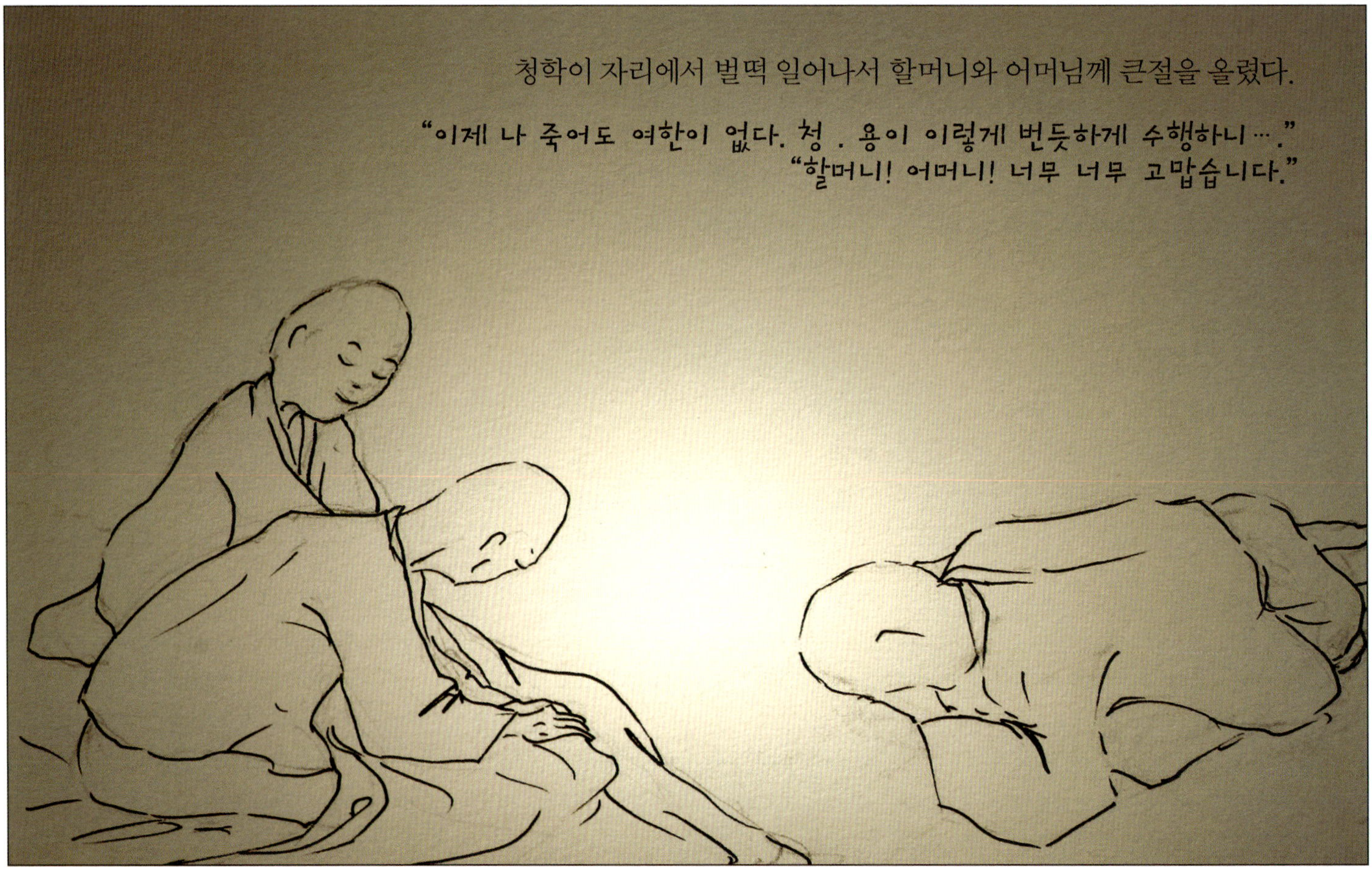

청학이 자리에서 벌떡 일어나서 할머니와 어머님께 큰절을 올렸다.

"이제 나 죽어도 여한이 없다. 청·용이 이렇게 번듯하게 수행하니…."
"할머니! 어머니! 너무 너무 고맙습니다."

한참을 이런저런 얘길 하다가 법성스님이 걸망을 바라보다가 처사 한 사람을 부르도록 했다.
버스 정류소까지 들어줘야 한다고…

이윽고 한 사람이 들어왔다.
"여기 좀 앉아보세요. 오늘 법문한 스님께 인사드려야 해요."
처사는 꿈벅 큰절을 올렸다.

"이 스님이 당신의 아들 청입니다."
"뭐라고? 청이… 아이고, 내 못산다."

그이는 자신의 머리를 쥐어박으며 후다닥 밖으로 나가버렸다.

"글쎄, 스님 저이가 내 다리를 분질러 놓고,
경찰서 가서 살다가 거지가 되어서 우리 절에 구걸을 왔지 뭡니까?"

그때 몰골은 상거지였어요. 그래서 조용히 불러서 이곳에서 청소도 하고,
심부름도 하면서 살라고 했지요. 지금까지도 나와의 관계는 아무도 모릅니다.

"그래서, 조석예불을 하고 술, 담배를 끊는 조건으로….
지금은 용돈도 좀 저금이 되어 있고 건강도 매우 좋아졌습니다.
그 모두가 부처님 덕분이지요."

청학은 오늘 벌어진 일로 꿈인지 생시인지 몽롱하였다.
'무지와 증오로 뿔뿔이 흩어졌던 우리 가족이 부처님의 크신 자비로 한곳에서 만나게 되었으니,
거룩하신 부처님의 음덕, 정말 무량감개 하옵니다.'

서른 일곱 번째 이야기
—
용맹정진

불당골에 온 청학. 법성사에서 있었던 애기를 용선은 긴가민가 듣고만 있었다.
이튿날 이른 아침 용선은 걸망을 짊어지고 법성사로 떠났다.

청학은 어머니와 할머니, 아버지를 만난 후 한동안 정신이 멍해서 다시 용맹정진에 들어갔다.
오후 불식에다 장좌불와로 21일간 혹독한 자기 고행이었다. 그랬더니 상당히 안정이 되었다.

용맹정진이 끝난 어느 날, 불당골 소식이 들려왔다. 지금은 40세가 넘은 행자가 결국은 이혼을 하고 여우골에 와 있다는 소식이며, 23세 결혼해서 진희라는 딸 하나만 두고 아들이 없어서, 술쟁이 영감한테 상당한 위자료를 받았는데, 그녀의 딸은 어느 절에 가서 비구니가 되었다고 한다.

청학은 족보와 꿈속에서 만난 얘기 등으로 미뤄 짐작은 가나 확실치는 않았지만, 반신반의 하면서도 마음이 많이 가는 것은 어쩔 수가 없었다.

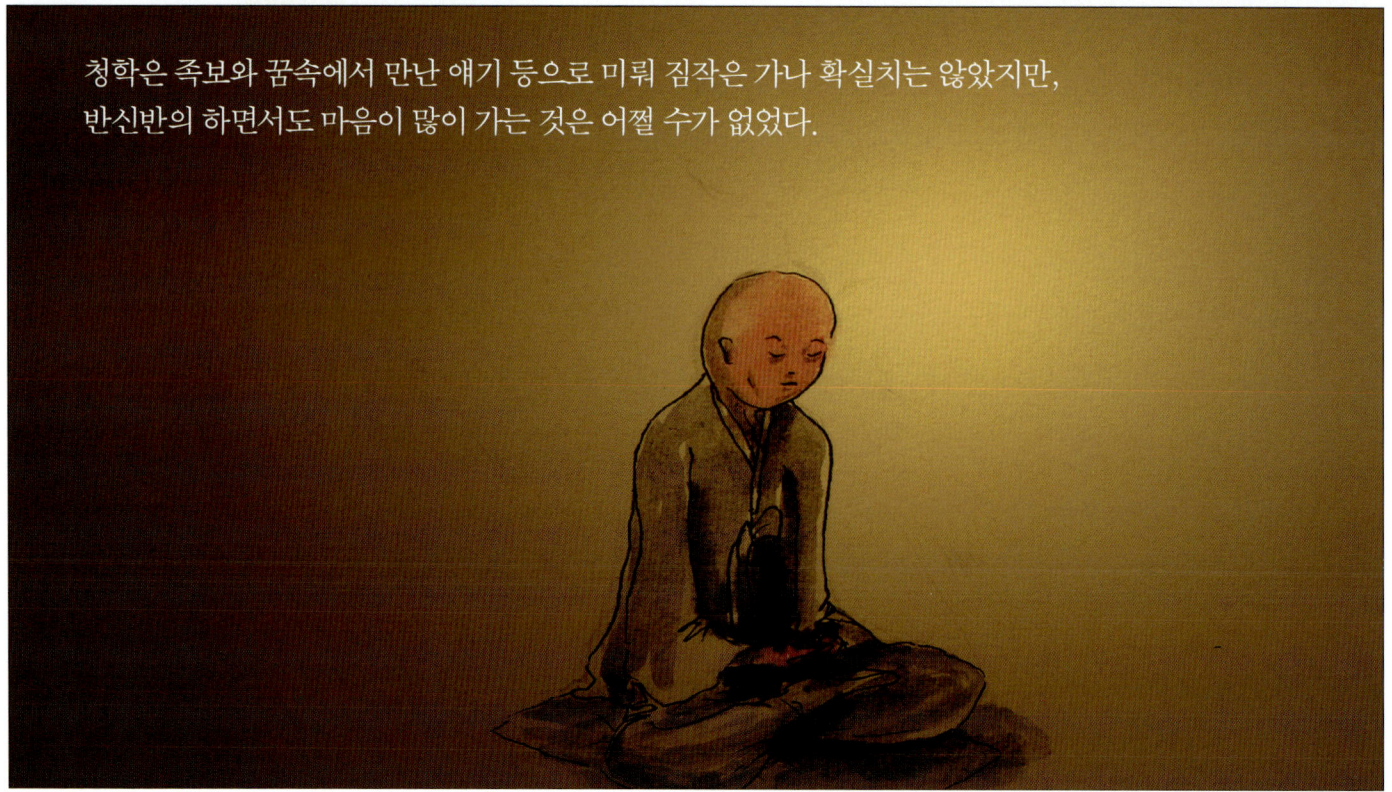

그해 초파일엔 뜻밖의 행자 모녀가 함께 왔다.
이젠 주지와 신도로서 마주앉게 된 그녀…,
그 보드랍던 고운 피부와 윤기 흐르던 머릿결은 어디로 사라지고 얼굴은 거무퇴퇴하고 핏기도 없었다.

"제행무상하니 생멸법이라."

첫눈에 봐도 병색이 완연한 그녀였다.
마른기침에 깡마른 체구, 미소를 잃고 식욕이 없는지도 오래라고 하였다.

"병원에 가보셨나요?"
"병원은 무슨 병원, 맨날 선 하품하면서 하늘만 쳐다보고 있으니 무슨 귀신이 씌웠는지. 병원에 가봐도 나타나지도 않으니…."

병원 말도 마소. 내가 더 잘 알아요. 병원 아무것도 모르고 돈만 밝혀요. 맨날 이것저것 검사하고 피 빼고, 이젠 병원 포기했습니다.

그래도 우선은 진찰을 받아 보는 게 좋지 않아요?

그러니 스님이 한번 짚어 보이소. 쟤가 무슨 귀신이 들렸는지. 그 정도 공부했으면 인제 잘 알 거 아니오. 어서 한번 짚어보소!

"그래도 병원에 가보는 게 제일입니다.
한번 꼭 가서 정밀 검사를 받아 보십시오."

모녀는 인사를 하고 나갔다.
두 여인의 뒷모습,
황량한 찬바람이
부는 듯 했다.

칠석에도 두 모녀는 나란히 함께 왔다.
행자 어머니가 법당에 들어간 뒤, 둘은 오랜만에 깊이 있는 얘길 나눴다.

그 후, 백중이 되어 용선이 불당골로 돌아와 보니 불당골에선 난리가 났다.
행자 어머니가 밭 매던 호미를 들고
허겁지겁 절로 와서 큰 소리로 난리를 피운다.

가뜩이나 입이 걸기로 소문난 행자 어머니. 그 이후로는 앉으나 서나 청학 욕이었다. 밭을 매면서도 논두렁에서도 그녀의 욕지거리는 그 농도를 더해 갔고, 이젠 아예 노래 가사를 만들어서 불러댔다.

"이놈의 땡초야, 불당골의 장때초야, 내 딸 꾀어 달아나서 그 업을 어찌 할까?"
그렇게 노래 타령을 3년이나 해댔지만 줄어들긴커녕 점점 더 그 가사가 늘어나고 있었다.

용선이 가만히 생각해 보니 동네 사람들에게 부끄럽기도 하였고, 행자 어머니에게도 좋지 않게 느껴져 여러 번 형 대신 사과를 하면서, 기다려보는 수밖에 별 도리가 없다고 했지만 막무가내였다.

"저 일을 어떻게 하면 좋단 말인가?"

그는 회심의 미소를 지으며 잠자리에 들었다.

서른 여덟 번째 이야기

—

미움의 끝

그 이튿날 아침, 일찍 용선이 여우골로 향했다. 그때 마침 양푼에 비빔밥을 만들어서 맛있게 먹고 있던 행자 어머니…

"무슨 일이 있어 왔는지 얼른 말해 보이소. 얼른!"
"우리 형이 그랬다 하니 저도 매우 미안스럽습니다. 사과드립니다."
"사과요? 사과가 썩었어요?"

"그러니 나를 보고 형욕을 하는 겁니다. 보살님 하고 싶은 대로…."
"이 중 봐라. 산골 늙은이라고 놀리는 거요? 뭐 이런 사람이 다 있어."

"사실은 어제 저녁에 부처님이 나타나서
선몽하기를 21일간 그렇게 하면 좋은 일이 생긴다고 했어요…."

"무슨 놈의 좋은 일이…."
"21일간 그렇게 계속하면 피차의 업이 소멸돼서 좋은 일이 생긴다고 했으니까요…."

"21일간 계속하되 10분에 만원을 드리겠습니다."
"뭐라고요? 10분에 만원, 선금 줄 수 있어요?"
"그러문요." "살다 살다 별꼴을 다보네, 욕하고 돈 받고…."

9시부터 시작하기로 했다. 돈 봉투는 시계 아래 두고 시간만큼 돈을 꺼내 가는 것이다.
첫날은 6시간을 욕을 했다. 같은 내용을 반복해도 무방하다.
용선은 결가부좌를 하고서 꼿꼿이 앉아서 참선을 한다.

그런 소문이 여우골에 퍼지니 이 동네 저 동네에선 화제거리가 되었다.
"원 세상에, 스님을 앉혀 놓고 욕하고 돈 받는 여편네가 어딨나.
아무리 세상이 돈독이 올랐다 해도…."

"자기도 절에 다니는 인간이 그래, 스님 앞에서 그럴 수가 있는가?"
"그 스님도 대단하네. 그렇게 욕 듣고 돈 주고…."
그러나 시간은 점점 줄었다. 이젠 한 시간도 채우기 힘들었다.

20분??

그 날 오후, 흰 구름을 쳐다보며 한숨을 내쉬는 행자 어머니,
"이 좋은 세상에 내가 왜 이 모양인가? 한심하다, 한심해."

어느 날 꿈속, 생시와 똑같은 모습이었다.
그런데 욕하던 자신이 독사가 되어서 용선을 향해서 혀를 날름거리다가,
그것이 자기 몸속으로 쏙 들어갔다.
그런 얼마 뒤 다시 그 독사의 모습이 점점 흰색으로 변해지더니,
다시 자기 가슴속으로 들어가는 것이다. 그 때 기분이 매우 상쾌하였다.

잠에서 깬 그녀는 꿈속 광경을 여러 번 되새겼다.
'내 모습이 독사와 같았다. 그래서 사람들이 나만 가면 슬슬 피했는가?'

그 이튿날,
"스님, 이제 욕하기 싫습니다. 그만하면 안 됩니까?"
"무슨 일을 하든 21일을 채워야 한다고 부처님께서 말씀하셨어요."

그 뒤로는 곡목이 바뀌었다.
"이 못난 윤씨 여편네야. 내일 모레면 70이 되는 나이에 그래, 나이 값도 못하고 스님에게 욕을 해…. 세상에 어째 이런 일이…."

이젠, 자책을 지나 용서해 달라는 말로 바뀌었다.
이 못난 사람을 용서해 달라면서….

"스님! 이 미련한 인간을 제발 용서해 주이소."

21일째 되던 날은 눈물을 흘리면서 스님에게 싹싹 빌었다.
흑흑흑… 그녀의 두 어깨가 크게 들썩거렸다.

그녀는 지금까지 모인 돈을 다시 스님께 드렸다.

"아닙니다. 보살님, 이것은 가용에 보태 쓰십시오."

용선은 그녀의 두 손을 꼭 잡으며 되돌려 주었다.

그 때! 밖에서 인기척이 들렸다.

용선이 열고 보니 청학과 행자 그리고 젊은 비구니가 서 있었다.

서른 아홉 번째 이야기
—
옛길로 들어서다

청학과 용선은 불당골로 황급히 올라갔다. 그리던 딸을 본 행자 어머니는 좋아진 그녀의 모습을 보자, 와락 끌어안고 눈물을 펑펑 쏟았다.

"3년이 넘도록 소식도 못 전하고
걱정만 끼쳐 드린 이 못난 딸. 흑흑흑…."
모녀의 눈물과 그 동안의 얘기는 계속 이어지고 있었다.

"어머니 서울 가신 날 제일 용하다는
대구 큰 병원에서 진찰을 했는데, 글쎄 위암이 3기라지 뭡니까.
이때까지 엄마 속 썩이고 다시 또 암이라니.
할 수 없이 청학스님과 의논했지요."

"스님이 한참 생각에 잠기더니,
이 병은 신경을 덜 쓰고 친인척과
멀리 떨어져 있으면서 부처님께 기도를 해야 빨리 낫는다고 하면서,
좀 야속해도 아무 말 없이 이곳을 떠나는 그런 아픔이 있어야
두루 업장이 빨리 녹아서 완쾌될 수가 있다고 했어요.
그러면서 강원도 정선에 물도 좋고,
공기도 좋은 암자가 있는데,
그곳에 가서 1000일 기도를 하면
빨리 회복될 거라고…."

%4#2@ &8ㅌx8

"그랬구나, 난 그런 줄도 모르고 3년간 스님들 욕만 했으니….
그래, 나도 이제 욕하다 보니 조금 인간이 되어간다.
생각해 보니 얼마나 부끄러운지. 그게 다 네 덕분이네…."

"엄마! 이 스님이 외손녀인 진희입니다. 7년 전 이혼할 때, 엄마가 불당골 스님한테
좋은 절 소개해 달라고 부탁을 했었지요. 그래서 부산에 있는 법성사라는
비구니 절에 소개했는데, 알고 보니 그 절 주지스님이 바로
청학 스님의 어머니라고 했습니다."

"아이고, 그렇구나!
이렇게 예쁜 스님이 되었구나."

할머니는 손을 잡고 놓을 줄을 몰랐다.

마흔 번째 이야기
—
불당골의 새 주인

여우골에선 화제가 생겼다.
겨우 21일 돈 받고 욕하던 행자 엄마가 이제 새사람이 되었다니….

얼마 안 가 그 습성이 터져 나오겠지….

청학이라는 스님이 대단하지. 그런 욕 먹어가면서 딸내미 낫게 했다니….

그 이후로 윤씨 모녀는 초하루가 되면, 불당골에 가서 부처님께 인사를 드렸다.
가끔은 암 걸린 환자들도 찾아왔다.
3년 기도로 위암을 감쪽같이 낫게 해주었다는
소문이 멀리 읍내까지 퍼지다보니….

"불당골 잘 지키게…."

"정진 잘하십시오."

그런 저런 번거로운 일이 생기자 청학은 다시 선원으로 들어갔다.
절은 용선에게 맡기고….

그렇게 청학이 6년 공부하고 돌아온 날, 용선이 또 불당골을 떠나 선원을 향했다.
벌써 청학의 나이 49세. 절집 밥을 삭인지도 어언 40년….
그러나 몸만 변화했지, 마음은 고목나무 속 어릴 때가 생생했다.

청학이 왔다는 소문이 나자 윤 씨네 모녀는 틈만 나면 불당골을 찾았다.
처음 캐고 딴 것이 생기면 최우선이 불당골 부처님이었다.
"찐빵과 옥수수 너무 잘 먹었습니다. 다음 달 초하루도 부탁합니다."

"기도 하시는가?"

언약한 초하루.
법당 앞엔 하얀 고무신이 가지런하게 놓여 있었다.

"쉿! 조용 조용…."

법당에 들어가니 스님은 문 쪽을 향해 앉아 있었다.
불을 켜고 예불을 드렸다. 그리고 나서
"스님! 스님! 저희들 왔습니다."
그러나 미동도 하지 않았다. 윤씨네가 확인해 보니 입적한 상태였다.

놀란 모녀는 어찌할 줄을 몰라했다. 청학은 두 손을 깍지를 끼고 있었고, 그 속엔 행자가
만들어 주었던 원앙새가 수놓아진 손수건이 있었고, 그 속엔 딱지로 접은 편지가 나왔다.

"어머! 어머! 세상에 원 이런 일이 있을 수가…."

가을 단풍으로 불당골이 환하게 밝아 왔다.
그날, 청학은 그렇게 이 몸을 버리고 단풍과 함께 사라지고 말았다.

행자씨 식구들에게

반백여 년을 끌고 다닌 환과 같은 이 몸. 이제 버릴 때가 되어 이렇게 두고 옛 길로 들어섭니다. 사대로 이루어진 모습 있는 색신, 본래는 실체 없음 속에서 나투어진 헛꽃이었습니다. 꽃은 져도 그 향기 넘쳐 있듯 인간의 몸과 생명성도 그와 똑 같지요. 생긴 적 없기에 없어지지도 않는 영롱한 생명성. 온 곳도 또한 갈 곳도 없는 아름다운 그것은 옛 길을 끊임없이 비추는 영원의 광명입니다.

옛 길은 다듬어지지 않은 태고 적 길입니다. 그러나 토끼가 다니면 짐승길이 되고, 물이 흐르면 물길이 생기며 사람이 왕래하면 인도가 됩니다.

그리고 생각이 오가면 마음 길이 열리고 길을 잘 닦으면 옛길이 열립니다. 그 길은 닦음이 없는 무한대의 길이기에 닦는대로 나오는 신통한 길이지요. 그래서 잡생각이 오가면 잡길이 열리고 참 생각이 드나들면 참길이 생깁니다.

우린 그 참길을 걷기 위해 인간으로 왔으며 반드시 그 길로 가야 합니다. 참길의 개척은 새로 길을 만들거나 오던 길을 되돌아가는 그런 번거로움을 요구하지 않습니다.

단지 지금 걷고 있는 이 길이 잘못된 길이라는 한 생각을 분명하게 일으키기만 하면 그 길이 바로 새 길이요, 옛 길이며 참길이 되는 것입니다.

그렇다고해서 그 길을 그냥 방치해 버리면 새 길은 또다시 헌 길이 되고 맙니다.

참생명의 그 길은 활화산처럼 용숫음치는 역동성의 자리이며, 뭇 생명을 아름답게 길러내는 문전옥답과도 같은 비옥한 대지입니다. 그래서 보살과 여래의 튼튼한 종자를 심고 선근과 공덕으로 끊임없이 가꾸어서 가없는 지혜와 자비의 감로수를 마시고 우리 모두 구멍 없는 피리로 태평가를 부르게 되는 옛 길로 들어서도록 서로 서로 도와줘야 합니다.

옛 길에 돌아와서 바라본 지금의 이 길, 그것은 환과 같은 몸과 꿈속의 집이었으며 자비와 지혜 또한 정해진 실체가 없기에 무진장으로 나오는 참 생명의 따스한 길입니다.

이제 불당골의 새 주인이 된 행자씨 식구들도 마음 길을 잘 닦아서 옛 길에서 만납시다. 벗어 던진 헌 옷 치우게 하는 수고로움 송구스럽습니다. 안녕히 계십시오.

청학

추신. 경상 위에 있는 족보 책 중에 접은 부분을 잘 보십시오

청학 스님, 잘 가십시오.
불당골은 저희들이 잘 지키겠습니다.

"나무아미타불"

epilogue

아름다운 동화로 다시 온 그대의 '꿈 속의 인연들'

봄은 무수한 희망의 언어이다. 그러니 누군가에게는 '마음의 봄'을 마중하는 일이 이 봄을 느끼는 최상의 행복이기도 할 것이다. 그러나 그렇다 할지라도 다 같은 봄을 마중하고 있지는 않을 것이다. 그렇듯, 수행의 여정에 오른 이 땅의 많은 구도행자들에게도 수행의 모습은 천양지차의 모습이다.

무구 기후스님.
스님을 기록하는 일은 내 서른 이후의 삶에서 빠트릴 수 없는 청빈의 기록이다. 6년 묵언수행, 전법의 표본, 그리고 지혜와 자비의 승가로 간단없이 소개할 수도 있는 주인공이 기후스님이시다.
그런 스님이 10여 년 전, 구도소설을 편찬한 바 있다. 책은 출간 한 달여 만에 1만 부 가량이 쉴 새 없이 팔려나갔으며 그로 인한 반향은 불교계와 비불교계를 넘나들며 베스트셀러 반열에도 올려졌다. '기후스님의 수행의 결과물'로 봐도 부족하지 않을 요지를 담고 있었으며 판매율 역시 같은 의미로 해석이 되었다.
강사 소임을 보던 오래 전의 시절이 기억으로만 남아 있을지라도 수좌로 정진을 이어가던 중진의 수행납자에게 한국이라는 땅이 보림처는 아니었나 보다. 몸 수행을 정중하게 들여다봐야 했던 2000년 전후의 투병 역시 스님에게는 '공부'의 나날이었다. 그리고는 건강의 청신호가 들어올 즈음, 스님은 다시 호주행을 감행했다.
그리고는 정법사의 창건 20주년을, 다시 25주년을 기록하는 일로 해외포교의 최고 롤 모델이 되었다.

2019년,
노 선객, 무구 기후스님이 바라보는 노년의 수행은 보림(保任)이다. 그런 노 선사는 전법도생의 길을 마다하지 않는다. 그러므로 10여 년 전 공전의 히트를 쳤던 『꿈 속의 인연들』이 전법의 방편으로 새 옷을 갈아입게 되었다. 스님의 글에 화가 백화님의 그림으로 새롭게 탄생하는 만화판 『꿈 속의 인연들』은 동화 같은 그림으로 출가사문의 길을 따뜻하게 안내하고 있다.
동화 같은 한편의 구도소설을 다시 세상에 내놓는 일은 기후스님 계심으로 일궈낸 '봄날'과도 같은 희망의 언어를 독자들의 가슴에 안겨주는 일이 될 것이라 여겨진다. 아름다운 한 편의 서사시를 선물하는 기회를 주신 기후스님께 깊고도 깊은 감사의 인사를 올린다.

아울러 제방의 승가와 재가에 수행의 이유를 시사하는 표본의 '아름다운 수행지침서'가 되기를 서원한다. 『꿈 속의 인연들』은 만인에게 '봄'이다.

불기 2563(2019)년 4월 향기로운 날에 **삼세화 김윤희** 쓰다.

꿈속의 인연들

초판 1쇄 인쇄 2019년 4월 15일
초판 1쇄 발행 2019년 5월 1일

글 _ 기후
그림 _ 백화
펴낸이 _ 김윤희
디자인 _ 하태석

펴낸곳 _ 맑은소리 맑은나라
출판등록 _ 2000년 7월 10일   제 02-01-295호

주소 _ 부산광역시 중구 중앙대로 22 동방빌딩 301호
전자우편 _ puremind-ms@daum.net
전화번호 _ 051-255-0263
팩스 _ 051-255-0953

값. 27,000원
ISBN 978-89-94782-66-9   07220